EU ESCOLHI SORRIR

SORAYA MORAES

EU ESCOLHI SORRIR

DESCUBRA O PODER DE SUAS ESCOLHAS E COMO ELAS PODEM MELHORAR TUDO AO SEU REDOR

PÓRTICO

Preparação: Luciana Figueiredo
Revisão: Amanda Moura, Malu Poleti e Olívia Tavares
Diagramação: Maurélio Barbosa | designioseditoriais.com.br
Capa: Rick Szuecs
Imagem de capa: Tabatha Rochreiter

Dados Internacionais de Catalogação na Publicação (CIP)
Angélica Ilacqua CRB-8/7057

Moraes, Soraya
Eu escolhi sorrir / Soraya Moraes. - São Paulo: Planeta do Brasil, 2017.

ISBN: 978-85-422-1135-1

1. Vida cristã 2. Cantoras – Biografia 3. Testemunhos 4. Fé 5. Deus. I. Título.

17-1399 CDD: 158.1

Índice para catálogo sistemático:
1. Técnicas de autoajuda: Vida cristã

2017
Todos os direitos desta edição reservados à
EDITORA PLANETA DO BRASIL LTDA.
Rua Padre João Manuel, 100 – 21º andar
Ed. Horsa II – Cerqueira César
01411-000 – São Paulo-SP
www.planetadelivros.com.br
atendimento@editoraplaneta.com.br

Sumário

Introdução

Deuteronômio 30:11-20 nos apresenta um momento em que o Senhor dá ao seu povo o comando de que tomem uma decisão. Nesta passagem, o Seu coração compassivo demonstra toda a sua misericórdia, ainda que nos mostre claramente o resultado de decisões ruins. Ele diz:

> "O que hoje estou ordenando não é difícil fazer, nem está além do seu alcance.
> Não está lá em cima no céu, de modo que vocês tenham que perguntar: 'Quem subirá ao céu para consegui-lo e vir proclamá-lo a nós a fim de que lhe obedeçamos?'
> Nem está além do mar, de modo que vocês tenham que perguntar: 'Quem atravessará o mar

para consegui-lo e, voltando, proclamá-los a nós a fim de que lhe obedeçamos?'

Nada disso. A palavra está bem próxima de vocês: está em sua boca e em seu coração; por isso vocês poderão obedecer-lhe.

Vejam que hoje ponho diante de vocês vida e prosperidade, ou morte e destruição.

Pois hoje lhes ordeno que amem o Senhor, o seu Deus, andem nos seus caminhos e guardem os seus mandamentos, decretos e ordenanças; então vocês terão vida e aumentarão em número, e o Senhor, o seu Deus, os abençoará na terra em que vocês estão entrando para dela tomar posse.

Se, todavia, o seu coração se desviar e vocês não forem obedientes, e se deixarem levar, prostrando-se diante de outros deuses para adorá-los,

eu hoje lhes declaro que sem dúvida vocês serão destruídos. Vocês não viverão muito tempo na terra em que vão entrar e da qual vão tomar posse, depois de atravessarem o Jordão.

Hoje invoco os céus e a terra como testemunhas contra vocês, de que coloquei diante de vocês a vida e a morte, a bênção e a maldição. Agora escolham a vida, para que vocês e os seus filhos vivam...

Agora escolham a vida..."

Soraya Moraes é uma mulher de Deus que, com certeza, escolheu vida! O seu testemunho – visando o peso de suas decisões sempre centradas na vontade de Deus – é profundo e desperta coragem em muitos a sua volta. Traz luz à escuridão e levanta um coro de esperança para corações abatidos que ainda não encontraram o seu caminho.

Como presidente da Igreja do Evangelho Quadrangular nos Estados Unidos, posso falar, em primeira mão, que o seu modo de viver afetou não apenas a minha vida, mas a família Quadrangular em todo o mundo. Nossos ministros e líderes ao redor do globo, especialmente em sua terra natal, o Brasil, têm sido transformados por seu amor absoluto e transparente por Jesus Cristo e pelo Seu povo. Em 2014, quando Soraya ministrou na Convenção Anual da Quadrangular em Dallas, o poder do Espírito Santo nos levou à presença de Deus de forma intensa e o amor de Jesus foi concedido aos corações de todos que estavam ali.

Seu novo livro, *Eu escolhi sorrir,* é um trabalho de fé que reforça o poder da escolha que ela fez: amar, confiar e servir a Deus. Tal escolha exigiu que ao lado de seu marido, doutor Marco, tomassem a decisão de sobrepor toda adversidade e proclamar vida em meio a todo desafio. Asim, apesar dos desafios presentes em sua vida, ela tem crescido em Cristo em todas as situações.

Eu sou eternamente grato por conhecer essa pessoa tão virtuosa e estou muito honrado em escrever essa introdução. Quero encorajá-lo a mergulhar neste livro e absorver a riqueza presente em cada página, pois sei que você "escolherá sorrir"!

A todos que lerem,

Glenn C. Burris Jr.

Presidente Internacional da Igreja do Evangelho Quadrangular (EUA)

Capítulo 1

Caminhando para ser eu mesma

Assim como a água reflete o rosto, o coração reflete quem somos nós.

Provérbios 27:19

Descobrindo a mim mesma

> A maior descoberta de um homem é a descoberta de si mesmo.
>
> Myles Munroe

Aquela menina magrinha – que usava saia vermelha, blusa branca e sapatos pretos bem engraxados para ir à escola, que sonhava com música, que estudava piano porque gostava, mas não entendia para que aquilo serviria um dia, que com vergonha pedia para cantar na igreja, de cujo mundo era formado por suas irmãs, seus primos e amigos e pela fé em Deus – sonhava em ser aeromoça, mas amava cantar e aprendeu com os pais que música não dá dinheiro e que casar com músico é sinal de problema.

Essa menina um dia teve que se descobrir como mãe e como cantora que passa muitos dias fora de casa. Cada nota aprendida no piano hoje é usada em um evento diferente. Na profissão de cantora voa tanto de avião quanto uma aeromoça. Do uniforme escolar, passou a ter de cuidar de cada *look* porque sabe que a aparência é uma referência. Sabendo que vivia num mundo onde faltava oportunidade para cantar, hoje sua profissão é soltar a voz. O que permaneceu foram a família e os amigos. E a sua fé em Deus.

Essa menina sou eu.

A vida muda, o mundo muda, mas uma das coisas mais importantes, como disse o querido Myles Munroe, é que "a maior descoberta de um homem é aquela sobre si mesmo". Nós somos pessoas comuns até que os sonhos e as oportunidades nos abrem portas e nos permitem entrar na realidade daquilo que realmente somos.

Quando me casei com o Marco, eu era uma moça comum que trabalhava no caixa do restaurante da família. Juntos montamos uma escola de música e, dois anos depois, abrimos uma agência de viagens. Nessa época, eu só cantava aos fins de semana. No início, foi muito bom, mas um problema com um cliente nos obrigou a encerrar as atividades. Hoje, acredito que foi Deus que permitiu não sermos bem-sucedidos porque, com o incentivo do meu esposo, tomamos a decisão de viver de música. Na verdade, foi uma das decisões mais acertadas de nossa vida. Foi a confirmação daquilo que já estava dentro de mim, eu era isso... A música fazia parte de mim. Quando me descobri e me entreguei para o que eu era, minha vida seguiu adiante e tive grandes conquistas.

Quem sou eu? Qual é a minha finalidade? Para que vim?

Creio que Deus criou cada pessoa com um propósito, mas é necessário se descobrir. Mesmo que pareça que não sirvo para nada e que o que eu faço não tem utilidade, é preciso crer que Deus tem um propósito para tudo que há em nossa vida. Muitas vezes eu não entendia o porquê daquelas lições chatas de piano. Ficar horas repetindo a mesma coisa, errando várias vezes, fazendo de novo e não acertando. Até que conseguia acertar e fazer mais ou menos. No dia dos concertos da escola de música havia o medo de errar... Eu não entendia o sentido daquilo, mas, hoje, cada nota que repeti me ajuda, cada medo que senti me formou para os eventos dos dias atuais...

Lembre-se de que todas as coisas cooperam para o bem daqueles que são chamados por Deus...

Ninguém vai fazer por você

Meu esposo conta sobre o complexo de Cinderela que acomete a maioria dos músicos.

A Cinderela é uma menina linda, sensível, com alma de princesa, que foi injustiçada pela vida e mora com uma madrasta que a escraviza e a faz trabalhar arduamente em casa. Mas, ali não é o lugar dela. Na verdade, embaixo daquela capa de gata borralheira está uma princesa que espera ser salva por um príncipe. E certo dia, ele aparece lindo, rico, com voz grossa, vaidoso, montado num cavalo branco e resgata Cinderela, a toma nos braços e a leva para o castelo, onde ela será rica e feliz para sempre...

Essa fábula habita o inconsciente da maioria dos músicos que conheço, pois todos sonham que um dia um empresário rico descobrirá seu talento e o levará para a fama, a riqueza e a glória de ser um grande artista.

Muitas pessoas também esperam que alguém venha e faça alguma coisa para ajudar; que tire você da situação difícil, que o ajude e o leve para uma condição melhor de vida... Essa é a esperança de muitos, talvez seja a sua... Porém, quando nos descobrimos, encaramos a realidade de que nenhum príncipe virá, tampouco empresário ou qualquer outra pessoa... Percebemos que essa é uma imagem errônea criada em nossa mente pelos filmes. Na verdade, nós vamos conseguir o que lutarmos para conquistar. Ninguém sobe um degrau sequer de escada sem fazer força.

Creio que Deus nos dá a luta, mas também nos dá a força para vencê-la. Para cada batalha, há dentro de nós uma força que nos impulsiona a vencer aquela barreira. É preciso achar a força interior para triunfar e você só vai saber a força que tem quando partir para a luta. Nossa mente e nossas emoções estão preparadas para muito mais do que pensamos. Tenho visto mulheres que são deixadas pelos maridos e que acabam tendo de cuidar dos filhos, às vezes, sozinhas. É nesse momento, por exemplo, que elas percebem a força que têm.

Uma grande amiga minha vivia nos Estados Unidos com os filhos e o marido. Ela dependia dele para tudo, levava uma vida em que não faltava nada. Certo dia, o marido sofreu um acidente e foi para o céu. Ela teve que conhecer o lado heroico da mulher, o lado que enfrenta tudo e vence sem nem saber como. Apenas vence.

No fim, ela arranjou um emprego como aeromoça e teve 3 filhos; o primogênito se tornou engenheiro da aeronáutica nos Estados Unidos; a filha se tornou uma habilidosa fotógrafa; e o terceiro filho, um grande economista com bolsa de estudos oferecida por Bill Gates. Essa mulher só conheceu sua força quando teve de usá-la. Ninguém saiu ao seu socorro, mas ela descobriu que, junto com a luta, Deus havia lhe dado uma força descomunal que a impulsionou em direção ao impossível.

Seja o escritor da sua própria história

"Quem passou pela vida em branca nuvem/ E em plácido repouso adormeceu/ Quem não sentiu o frio da desgraça/ Quem passou pela vida e não sofreu/ Foi espectro de homem – não foi homem/ Só passou pela vida – não viveu." Estes versos de Francisco Otaviano nos contam que o mundo sempre está em crise, viver é difícil e sempre vai ser duro transpor os obstáculos. A vida não é fácil para ninguém; é agressiva, arrogante e engole todos que não resolvem escrever o próprio destino.

Ela é como uma corrente que leva todos. Alguns recebem a orientação desde o lar para estudar, se preparar para a vida e encarar a selva dos problemas. Mas, nessas águas turbulentas também se escondem correntes que levam a vitórias custosas e a recompensas exuberantes que garantem sustento, fartura e felicidade. Para atingir essas correntes do rio da vida, há horas em que é necessário nadar forte, além dos limites dos músculos e da alma, contra a correnteza... E só terão sucesso aqueles que decidem que querem chegar lá e dedicam a própria alma e tudo que já foi conquistado para conseguir algo maior.

Assim diz a Bíblia que um homem achou um tesouro enterrado. Então, vendeu tudo que tinha, comprou aquela terra e se tornou seu dono legítimo, consequentemente, daquele tesouro. Ele podia ter simplesmente roubado o tesouro, mas não seria uma vitória, e, sim um roubo. Não teria se tornado um vencedor, mas um ladrão, talvez bem-sucedido se não fosse pego. Ele tomou a decisão de escrever a sua história do jeito certo e se arriscou para que sua vitória fosse legítima. Comprou aquele campo, tomou posse do tesouro e viveu todos os benefícios que aquela conquista lhe proporcionou.

Quando conheci meu esposo, ele não tinha dinheiro, não era o homem mais bonito, mas o que me fascinou nele foi o fato de ele ter sonhos e correr atrás deles. Eu morava num bairro pobre, com poucos recursos, e ele falava em viajar pelo mundo, levar a palavra de Jesus, cantar em lugares maravilhosos e em lugares simples. E eu decidi que queria escrever a minha história assim. Conseguimos atravessar muitas correntes; outras, não. Mas atravessamos grandes águas e chegamos a correntes que nos levaram a um ministério vitorioso, a prêmios internacionais, a amizade com pessoas incríveis.

A vida não podia ter sido mais generosa conosco, cada conquista levou a outras mais. No entanto, sempre houve crise. Nunca houve tempo de abundância sem nenhum problema; era crise sobre crise. Mas é nesses momentos que Deus nos dá força para tomar as decisões que nos levarão a controlar o nosso destino.

Trace o seu futuro

Minha irmã estava acima do peso. Estava cheia de dores, com problemas para andar, as roupas não lhe serviam mais, sua aparência estava deteriorada e a insatisfação foi tomando conta dela. Ela se assustou quando o índice glicêmico começou a subir e o diabetes apareceu. Se ela não desse um basta nessa situação, o que a esperava era o enfarte, a pressão alta ou talvez alguma doença decorrente da obesidade.

Mas ela resolveu que o seu futuro seria diferente e procurou a orientação de um médico que lhe mostrou o caminho. Minha irmã mudou sua alimentação, entrou para academia e começou a frequentar aulas de zumba. Ela decidiu o rumo da própria história. Em quatro meses, emagreceu quase 20 quilos e o diabetes saiu de sua vida, as dores sumiram, as roupas voltaram a servir e ela recuperou a alegria de se vestir com roupas coloridas.

No Brasil, nós temos a liberdade de escolher e traçar nosso futuro, nossa profissão, nosso carro, nosso estilo de vida. Nem todos têm as mesmas oportunidades. Mas, para aqueles que se empenham, há formas de chegar aonde quiser. Um menino pobre, criado em um sítio, pode chegar ao Supremo Tribunal Federal, como foi o caso do famoso ministro Teori Zavascki. Um menino que nascido em região ribeirinha pode chegar a ser um médico, como temos tantos casos. A diferença está na força de vontade, na intensidade do querer, na perspicácia e na perseverança.

Preciso contar a história do meu esposo. Com 50 anos, ele resolveu fazer faculdade de Medicina. Ninguém acreditava que conseguiria. Ele enfrentou o cursinho no meio dos adolescentes. Aos sábados, tinha aulas extras. Passou no vestibular, encarou seis anos do curso de Medicina, provas infernais, inúmeros trabalhos, internato no hospital, ao mesmo tempo em que trabalhava no escritório do meu ministério. Foram anos sofridos, quando aprendi a viajar acompanhada de uma pastora ou de uma secretária, mas foi um período que mudou nossa história. Hoje, ele é médico e juntos podemos sustentar um o sonho do outro. Porém, meu marido escreveu a história dele, e hoje tem o título de médico no currículo.

Assim a vida caminha. E muitos sonhos, muitas oportunidades de futuro serão enterrados no cemitério porque o plano para alcançá-los não foi desenhado. Creio que Deus abençoa quem planeja, quem sonha e traça o caminho para seguir, quem persiste, quem não desiste, quem se esforça, quem escolhe o trabalho enquanto outros escolhem a diversão.

Não desista, não pare de crer.

Os sonhos de Deus jamais vão morrer.

Ludmila Ferber

Deixar a vida rolar leva à mediocridade

Resolvi que não quero ser apenas uma na multidão, uma na lista dos que passaram a vida em vão. Escolhi crer que há um sentido e um propósito para minha vida, que Deus me planejou para alguma finalidade.

Essa crença já é o suficiente para me conduzir ao caminho do meu propósito.

Por outro lado, posso deixar a vida rolar, preferir gastar meu tempo vendo televisão, usando o celular, jogando videogame, buscando diversão...

Atualmente, já existe até uma nova doença que define o medo, ou mesmo o pânico de ficar sem comunicação. É a nomofobia. Entre os sintomas mais comuns estão a ansiedade, estresse por temor de perder o telefone celular, de não ter acesso à internet ou à uma rede Wi-Fi para se manter conectado. Mas a pior característica dessa doença é a perda da funcionalidade, quando a pessoa se torna improdutiva mental e profissionalmente, além de perder contato com a realidade e causar acidentes.

Após horas de conexão à internet a pergunta é: qual o ganho com esse tempo? A resposta pode ser "Eu fiz 3 milhões de pontos naquele jogo", "Fiquei sabendo da vida de 500 pessoas e por dentro de todas as frases"...

Enquanto você faz 3 milhões de pontos, alguém passou na sua frente no vestibular. Enquanto gastou seu tempo vasculhando a vida de outras pessoas, alguém aproveitou uma grande oportunidade que era para você. Enquanto você gastou horas na internet, ficou mais pobre e perdeu a oportunidade de mudar seu corpo na academia. Então, estabeleça hora para entrar e para sair da internet. Nomofobia é deixar a vida rolar, é uma fuga da realidade. A vida vai passar de qualquer forma, independentemente do que você faça ou não. Tudo passa, tudo envelhece, tudo piora. Por isso, é preciso agir.

Muitas pessoas querem ser artistas, gravar um CD, ter contrato com uma gravadora; é quase impossível. Porém, como querem expressar sua arte, essas pessoas fazem gravações caseiras, cantam em casa, filmam e disponibilizam na internet. E são vistos por milhões, tornando-se grandes talentos. Esta é a história de Justin Bieber e de muitos artistas da atualidade.

É necessário fazer alguma coisa, tomar uma atitude. Amanhã será tarde demais... O hoje modifica o amanhã, mas não modifica o ontem. As oportunidades e as chances de melhorar estão no agora, e no planejamento do futuro. A decisão está no agora.

Para chegar a algum lugar, o primeiro passo é o mais difícil, como também o principal porque é o da decisão

A primeira ação para subir uma escada acontece na mente, é a decisão. Posso afirmar que a principal diferença entre a pessoa bem-sucedida e a pessoa medíocre é a habilidade de decisão. A pessoa decidida resolve e faz.

Como é difícil ser atendido por um médico indeciso. Como é desastroso ser conduzido por um motorista de táxi indeciso. Imagine só uma empresa na mão de um administrador que tem medo de tomar decisões. A base da indecisão é o medo e o desconhecimento. O desconhecimento se resolve estudando, mas o medo tem que ser vencido por uma decisão.

Oportunidades aparecem, mas é necessário dar o primeiro passo. Quantas oportunidades apareceram na sua vida e você ficou hesitante, indeciso?

Meu esposo e eu tivemos muitas oportunidades... Nem todas deram certo, algumas foram boas por algum tempo. Tivemos, por exemplo, um restaurante. Quando iniciei a carreira musical, o diretor da gravadora alegou não ter dinheiro para gravar o meu primeiro CD. No restaurante, havia a possibilidade de entregar marmitex nos horários em que ninguém queria fazer isso, como aos sábados, domingos e madrugadas. E, pior, ganhava-se menos. Tomamos a decisão de entregar quentinhas nesses horários desprestigiados... Foi um tempo muito difícil, mas o lucro pagou as despesas do meu primeiro CD.

A maior dificuldade foi vencer o orgulho, o cansaço, a preguiça e arranjar disposição para abrir mão do descanso. A decisão foi tomada na mente, conversada e discutida. Então, o primeiro passo foi aceitar que iríamos assumir esse "abacaxi". Depois disso, foi muito trabalho, muitas noites maldormidas. Mas a compensação veio: um CD que alavancou toda nossa história. O mais difícil foi dar o primeiro passo.

Creio que Deus coloca oportunidades à nossa frente o tempo todo. Cada conversa, cada convite, cada não; enfim, caminhos diferentes. As nossas decisões vão mudar o futuro. É necessário pedir a Deus que ilumine nossa mente, que mostre as armadilhas para então tomarmos decisões rumo ao futuro. O primeiro passo é o mais complicado. Quer coisa mais difícil que a decisão de ir para a academia? Mas, depois de duas semanas de prática de atividade física, deixar de frequentar a academia faz falta para o corpo e para a mente.

> A decisão é a chave para alcançar o impossível, e a indecisão, para tudo se tornar impossibilidade

A decisão e a fé são irmãs que andam juntas. Decisões difíceis envolvem fé.

Imagine que você é paraquedista. Você treina, coloca roupas especiais, sobe em um avião pequeno que te leva muito, muito alto. Quando chega a hora de saltar, é necessário ter fé. Fé é crer que o paraquedas vai se abrir. Fé é crer que o seu treinamento foi suficiente e que a sua experiência vai ajudar. É tudo que você tem: a fé. Saltar é uma decisão baseada na fé de que tudo vai dar certo.

Existe a possibilidade de dar errado? Sim, com certeza. Mas eu creio que o paraquedas vai abrir e salto. É uma experiência fascinante e inesquecível. Contudo, a maioria das pessoas não consegue pensar em saltar de paraquedas por não ter certeza de que o equipamento vai abrir. E muitos voltam sem saltar porque não tiveram coragem para tomar a decisão.

O que nos separa das impossibilidades é a decisão de alcançá-las. No momento em que decidimos que vamos conseguir, a impossibilidade se torna uma possibilidade porque nos tornamos dispostos a atingir nosso objetivo. Ainda que a chance seja de 0,000000001%, a possibilidade existe.

Qual é a chance de uma garota pobre, que trabalha muito e mora em Osasco, na grande São Paulo, ganhar 4 Grammys Latinos?

Qual é a possibilidade de um garoto pobre de Caetés, em Pernambuco, se tornar presidente de um país?

Qual é a chance de uma garota indígena de uma tribo brasileira se tornar médica?

Qual é a possibilidade de um garoto pobre egresso da Febem, humilde em todas as formas, se tornar um grande empresário, morar em Massachusetts, nos Estados Unidos, viajar o mundo inteiro, ter um avião e uma filha médica?

A possibilidade de tudo isso está em uma DECISÃO.

Todas essas são histórias reais de pessoas que contra todas as probabilidades chegaram ao impossível porque tomaram a decisão de vencer com mínimas possibilidades e quase nenhuma chance. O ato de tomar uma decisão implica também uma possibilidade.

A garota pobre que chegou aos 4 Grammys Latinos sou eu, o garoto pobre de Caetés é o ex-presidente Lula. Independentemente de política ou dos resultados do seu trabalho, ele teve a chance de ser o presidente. A estudante indígena se chama Laura e se formou em medicina na Universidade de Santa Maria. E o empresário vencedor é o meu amigo Ronaldo que mora em Boston, casado com minha amiga Ester.

Creio que depois que se toma uma decisão, a mão de Deus se encarrega de abrir as portas e as oportunidades.

Eu não acreditava que ia ser cantora, pensava em ser aeromoça

Meus sonhos. Um impossível; outro, tão perto.

O sonho impossível era ser cantora. Eu adorava cantar na igreja, em casa... Algumas vezes cheguei a irritar as pessoas de tanto que eu gostava de cantar. Mas, quando eu gritava, a minha voz era mais forte que o normal, assustava as pessoas. Cantores famosos, com LPs gravados, vieram à minha igreja, como Jorge Araujo e Eula de Paula. Meu pai trabalhava em dois empregos para pagar o terreno de casa e dava uma vida relativamente tranquila para nós, mas não era o suficiente para pagar estúdio e gravar um disco. E não conhecíamos ninguém do ramo e nenhuma gravadora. Ser cantora estava além do que eu podia sonhar.

Meu pai trabalhava na Varig e também era policial. Eu tinha orgulho, pois a Varig era a maior empresa aérea brasileira. Eu adorava ir ao médico que ficava na Fundação Ruben Berta, ao lado do aeroporto de Congonhas. Mas o que me fascinava eram os comandantes e as aeromoças com aqueles uniformes, todas esbeltas, lindas. Havia algo naquela profissão que chamava a minha atenção: elas viajavam de aviões todos os dias. Eu tinha fascínio por aeronaves, por voar, viajar... Então, eu e uma amiga resolvemos fazer os testes para sermos aeromoça. Providenciamos documentos, e demos andamento nos preparativos.

Nesse meio-tempo, conheci um rapaz, músico, alto, dono de um teclado e de muitos sonhos. Ele sonhava em cantar e falar sobre a fé a pessoas no mundo inteiro, com música boa. Ele falava de jazz e sonhava com um disco. Começamos a namorar e a sonhar juntos. Ele falou de cantar em outros países, de viver de música, falou da minha voz, de uma possibilidade de futuro, disse que não me via como uma aeromoça, mas como uma grande cantora. Um homem que via um potencial em mim... de ser o que eu realmente queria ser.

Então, chegou o dia de me apresentar para ser aeromoça... e o conflito e a dúvida vieram. Consultei meu coração, Deus em oração, meus pais, minhas amigas e tomei a decisão.

Eu queria o impossível... e escolhi a impossibilidade, escolhi crer, escolhi trilhar o caminho do impossível.

Em função dessa escolha, resolvemos nos casar e comprar "essa briga" juntos. Já foram vinte e cinco anos de casamento e de carreira. Nem tudo foi vitória e nem tudo foi derrota, mas percorremos um longo caminho e chegamos muito longe. E eu pude viajar de avião muito, muito.

Certo dia, a amiga que seguiu a carreira de aeromoça se encontrou comigo em um voo e ficamos muito felizes ao nos vermos. E eu fiquei especialmente contente porque Deus também me deu a oportunidade de viajar muito de avião, mas também de cantar canções para Ele, de forma intensa e maravilhosamente agradável.

O que nos separa do impossível e de descobrir a nós mesmos são apenas decisões.

Capítulo 2

Deixando de ser vítima

O mundo esteve, está e estará em crise...

No meu tempo de criança, sempre houve crise. Meu pai sempre falava em crise, que estava faltando isso ou aquilo. Quando o ex-presidente Collor confiscou o dinheiro das poupanças, quando o dólar subiu, quando a gasolina subiu. Por outro lado, consigo enxergar uma *tendência* das pessoas de achar uma crise em tudo.

As notícias sobre coisas boas são mais raras do que as sobre crises, problemas. A televisão nos apresenta um mundo tão difícil que sentimos até medo de sair de casa, de conhecer pessoas, de tentar fazer algo.

Certo dia, fui a São Paulo para um compromisso e, antes de sair de casa, resolvi conferir a situação do trânsito. A recomendação era evitar as marginais porque estavam intransitáveis e a *tendência* era piorar. Ao que parecia, aquela região de São Paulo estava passando por uma crise de trânsito. Então, houve a notícia de arrastões durante os engarrafamentos para assaltar os motoristas. Falava-se em greve e manifestações. Era tanta informação negativa que tive medo de percorrer o trajeto. Como era um compromisso profissional, tive que seguir por aquele caminho...

Para a minha surpresa, o trajeto estava livre, o trânsito fluía bem, não havia ladrões e fiz uma viagem excelente. Depois, os noticiários explicaram que foi feito tanto alarde sobre os problemas no trânsito que todo mundo desviou das marginais ou ficou em casa e, por isso, as vias ficaram livres. Existe uma *tendência* a ver as situações com negatividade, os problemas são vistos como intransponíveis, parecendo que tudo vai piorar.

Aprendi que o mundo sempre vai estar em crise, mas que esse é o momento de prosperar. A crise maltrata, traz dor, paralisa... Mas aprendi algo muito importante: **a vida não ensina a ser forte, ela nos obriga a ser.**

Ninguém é forte o bastante para enfrentar os problemas da vida. Na verdade, todos têm de buscar forças extras, seguir em frente mesmo com dor, andar sem ver o próximo passo, tendo apenas uma vaga ideia da direção a seguir. Viver é enfrentar os problemas visíveis e os invisíveis, os palpáveis e aqueles que às vezes acontecem sem que nem sequer tenhamos consciência deles. Somos nós a força que criamos. Ela reside na decisão de ser forte. Se você decidir não ser forte, você não terá força e a vida vai te levar. Mas, se você decidir ser forte, você tem uma chance.

Quando minha mãe faleceu, quando o oficial de justiça veio retirar nosso carro, quando cortaram a energia elétrica, tive de esquecer a vergonha e o medo e decidi ter força para superar aquelas situações. O pior passou e eu saí mais forte daquelas experiências.

Sempre houve crises na minha vida. Muitas foram dolorosas, algumas me assustaram muito, poucas me marcaram na alma. Com algumas, aprendi, outras simplesmente passaram, me machucaram e tento entendê-las até hoje.

Às vezes, me pergunto se minha vida teria sido melhor se não tivesse atravessado essas situações difíceis. Vejo a vida da minha sogra, que passou por provações financeiras tremendas nos anos 1980, quando meu sogro teve que trabalhar de vigia de obra e ficar noites e noites fora de casa. Uma fase de dificuldades terríveis. Mas, naquela época, ela teve a oportunidade de dar aulas de religião em escolas estaduais de Jandira. Falou de Jesus e do amor de Deus a centenas de alunos. Hoje, em meio a lágrimas, ela me mostra um quadro com a assinatura de inúmeros alunos, agradecendo por ela ter ensinado a eles princípios de vida. Outro dia, uma ex-aluna, hoje casada e com uma vida maravilhosa, foi à igreja da minha sogra apenas para vê-la e agradecer por seus ensinamentos.

Minha sogra conta que em meio à maior dificuldade financeira, às maiores pressões, ela passou o melhor tempo de sua vida, a fase mais produtiva. Ficaram as marcas da dor, da necessidade, da frustração de não poder aproveitar mais da vida naquele período. Mas ficaram também as boas marcas.

Outras crises vieram, como a perda do esposo, a dificuldade de locomoção, a doença. A vida passa de crise em crise. Algumas deixam marcas, outras nos moldam e outras, ainda, nos preparam para novos momentos difíceis.

Pare de se lamentar

Diante das crises a atitude mais óbvia é se lamentar, reclamar, falar mal da situação. Quantas vezes eu me peguei falando mal da minha casa, do meu emprego, do tempo, da política, da minha família. Na verdade, essa atitude era sempre um reflexo da minha lamentação, uma forma de extravasar meu descontentamento. É necessário falar a respeito, é necessário discutir as situações, mas é preciso descobrir o momento em que essa atitude se torna uma lamentação, um desabafo contínuo, uma autocomiseração. Esse tipo de atitude é a base da depressão, é o modo de ver um mundo sem solução em que todos e tudo são culpados pelo meu sofrimento. Melhor seria se essa forma de olhar levasse a atitudes de mobilização e não à estagnação.

Uma certa amiga estava passando por problemas no casamento, desconfiava que seu marido tinha outra pessoa e se entregou à lamentação e à depressão. Tudo estava ruim, tudo estava doloroso. Com isso, ela relaxou, começou a se descuidar, deixou a vida levar... No meio da crise, um conselheiro sugeriu que ela parasse de chorar, de se lamentar e passasse a cuidar da alimentação, que emagrecesse, que fosse para a academia, que mudasse o cabelo, comprasse roupas novas, ficasse bonita. Levantar o astral em vez de lamentar. "O marido é seu, vá lá e roube-o da amante! Faça melhor que ela, pesquise o que ele gosta, provoque a moça, mostre a que veio, tome posse do que é seu, lute pelo que você quer. Parta para cima!"

Você tem duas opções: lutar ou se lamentar. Ficar lamuriando, ou arranjar forças para seguir em frente.

No trabalho, se você sabe que haverá um corte de funcionários, ou você luta pela vaga ou entra no cordão daqueles que ficam pelos cantos chorando. É hora de falar com o chefe, trazer ideias, fazer planos. Para quem se move, sempre haverá portas abertas e outras que se abrirão, lugares e oportunidades surgirão. Mesmo na pior crise.

Quando vou à Palavra de Deus, consigo entender que Ele espera uma atitude diferente, não a lamentação. Às vezes, até a nossa oração é uma lamentação. Um choro, uma lamúria. Deus espera que entreguemos o problema a Ele, que confiemos e tomemos uma atitude. A Bíblia fala que, quando recém-saído do Egito, o povo judeu estava com medo porque os soldados do faraó se aproximavam, mesmo com a passagem pelo mar já aberta, Moisés clamava, orava. Na verdade, não era oração nem clamor, era lamentação. Naquele momento, o próprio Deus fala a Moisés:

"Por que clamas a mim? Diga ao povo que marche". Não era hora de orar, nem de clamar, nem de lamentar, nem de chorar, era hora de marchar, o mar estava aberto.

Às vezes, não vemos o mar aberto, só enxergamos o exército do faraó...

Enquanto você lamenta, seu concorrente está se esforçando para te vencer. Enquanto você reclama, as oportunidades estão indo embora. Enquanto se queixa, o melhor de você está morrendo. Por isso, pare de se lamentar e acorde para o dia de hoje porque há uma vitória para você. Pare de lamentar e comece a enxergar o tamanho do seu Deus. Pare de se lamentar e vá conquistar sua vitória.

A mulher e o profeta – Está tudo bem

A Bíblia conta de uma mulher que tinha uma situação financeira estável, morava bem, tinha de tudo, menos um filho. Algumas vezes, passava por sua casa o profeta Eliseu. Ela o hospedava em suas passagens. Sabendo de sua condição de profeta, essa mulher resolveu fazer um cômodo em sua casa para hospedá-lo. O profeta ficou muito satisfeito com a acolhida e procurou alguma forma de agradecer àquela mulher até que seu servo descobriu que ela não tinha filhos e seu marido já era idoso. Então, ele chamou a mulher e profetizou que ela teria um filho. E, logo depois disso, ela engravidou. Uma história simples e com crises pequenas.

Mas, passados alguns anos, o menino estava com seu pai na roça, passou mal e voltou para casa. Quando a mãe foi cuidar dele, notou que estava morto. O profeta não estava em sua casa, nem o marido, nem ninguém. Ela estava sozinha com o filho morto nos braços. A crise chegou, o pior bateu à sua porta. Aquela mulher teve a chance de chorar, de gritar para todo mundo ouvir, de fazer um escândalo, de externar o lamento do seu coração. Talvez eu tivesse feito algo assim. Mas ela não fez nada disso. Ela teve atitude.

A mulher colocou o corpo do menino desfalecido no quarto do profeta, na cama, e foi atrás dele. No meio do caminho, encontrou o servo, que lhe perguntou: "E então, está tudo bem com você? Com seu marido? E com seu filho?".

Nesse momento, ela poderia ter desmoronado, chorado e gritado! Quando estamos com um problema e alguém toca no assunto, não tem jeito, a vontade é de desabar e contar tudo. Mas ela resistiu e disse: "Está tudo bem".

Acredito que esse tenha sido seu momento vitorioso. Palavras e atitudes determinam a vitória na hora da crise.

Ela foi falar com a única pessoa que poderia ter alguma solução. Não adianta se lamentar com quem não pode resolver nada. Além de não resolver, essa pessoa pode complicar o problema ainda mais.

Quando chegou ao profeta, soltou o verbo, falou tudo que precisava ser dito: "Eu te pedi um filho!". E intimou o profeta: "Meu filho morreu, ele era minha promessa, agora resolva!".

Ela teve atitude e não ficou se lamentando. A lamentação não resolve, mas a atitude muda tudo. A Bíblia fala que o profeta foi à sua casa, orou pelo garoto e ele reviveu. E foi entregue à mãe de novo.

A partir disso, creio que Deus espera de nós atitude na hora da crise, da dificuldade. Mesmo que o desfecho não seja o ideal, a atitude nos deixa conscientes de que fizemos o melhor... Não dá margens a arrependimentos por não termos dado o nosso melhor, por não termos feito tudo que era possível.

Autora da própria história...

Quando estava passando por um problema em casa, eu precisava falar com alguém, compartilhar, talvez chorar junto, buscar uma força. Mas, quando procurei as amigas, as pessoas da igreja, percebi que não havia ninguém para me ajudar. A maioria das pessoas estava pior que eu. Ou assim transparecia. Então, comecei a pensar se essas pessoas também me viam assim, como uma vítima que sofre as consequências de problemas do mundo ao redor, cujo recurso é o choro e a arma de convencimento são as lágrimas.

A vítima é alguém que sofreu uma agressão de qualquer natureza. Depende de um processo na justiça para ser reparada, de testemunhas que relatem sua desgraça e, principalmente, sempre haverá um culpado pela sua desgraça. A vítima espera que as pessoas sejam testemunhas e, por isso, tem que buscar quem lhe dê razão. Quantas mulheres estão procurando pessoas que lhes dê razão? De que adianta ter razão se o seu mundo está desabando? O fato de ter pessoas te apoiando é importante, mas não é o motivo de você estar em pé, não é a razão de você conseguir suas vitórias. A vítima sempre tem um culpado pela sua tragédia. Quantas pessoas estão procurando culpados?

"A culpa de eu não ter conseguido foi...", "A culpa de não ter ido foi do cachorro que ficou doente". Sempre procurando um culpado para tudo.

Gente, eu não sou uma vítima. Nem das circunstâncias, nem das pessoas, nem das fofocas, nem dos erros dos outros. Sou o resultado das minhas atitudes, sou uma agente transformadora do meu mundo. Nunca me conformarei com a postura de vítima. Não posso mudar tudo, mas onde houver oportunidade, colocarei os meus dedinhos. Sou o resultado das coisas que eu posso mudar, sou a mentora de mim mesma. Assim, você, a sua atitude e o seu olhar sobre a vida e sobre as coisas mudam sua existência, o seu ser e o seu mundo.

Existe aquilo que não posso mudar, e isso a Deus pertence. Ele faz como Ele quer e determina. Há pessoas que eu queria que nunca tivessem saído da minha vida, mas elas se foram e não voltaram. Então, creio que a Deus pertencem. Ele me deu e Ele tomou – louvado seja o nome do Senhor.

Um dia, sonhei com o Grammy Latino. E fiz minha parte por anos. Mas nada aconteceu. Então, aquilo que a Deus pertence veio e pude desfrutar da minha vitória.

Deixe de culpar o mundo pelas suas frustrações, deixe de culpar as pessoas por aquilo que você não conseguiu, deixe de achar que você é uma vítima do destino. Você é a protagonista da sua história. Decida ser a autora da própria história, mude o que puder e for preciso, viva o que lhe for acessível, desfrute o que tiver oportunidade e cada oportunidade que lhe vier, abra uma porta para o seu futuro. E curta cada coisa boa que a vida lhe proporcionar. Coisas ruins virão, mas muitas coisas boas também.

A crise é o momento de vencer

Aprendi que o mundo sempre vai estar em crise, mas também aprendi que a crise é o momento de prosperar, crescer e estabelecer o meu mundo e minha história.

Em toda história de sucesso há uma grande crise a ser vencida, e quem passou por ela se torna um herói. Hércules teve de vencer 12 obstáculos que ninguém no mundo tinha vencido, Teseu teve que vencer o Minotauro, um monstro assassino que ninguém tinha vencido, Moisés enfrentou o faraó e seu exército, Davi venceu o gigante Golias.

Depois que o tigre está morto, todos querem tirar foto com a pele. Mas, quando ele está vivo, solto e mordendo, todos se escondem e fogem do seu olhar.

A Bíblia nos conta de um homem que viveu anos de crise, anos de dificuldades. José era um garoto que sonhava, tinha planos, na verdade era um menino mimado. Certo dia, seus irmãos o agrediram e o venderam aos mercadores de escravos. De menino mimado a escravo. A crise se instalou na sua vida. Ele foi levado ao Egito, onde foi obrigado a trabalhar na casa de um próspero egípcio chamado de Potifar. Foram anos servindo. José poderia chorar, lamentar e maldizer por uma desgraça tão grande, mas, em vez disso, resolveu trabalhar da melhor forma possível. Seu mundo agora era restrito, mesmo assim, ele se sobressaiu e foi valorizado. Parecia que tudo estava dando certo.

No entanto, quando José começou a crescer, a mulher de Potifar se interessou por ele. A confusão foi grande e José perdeu tudo de novo e foi parar na prisão. Outra crise, outra vez diante de um problema.

Na prisão, ele resolveu ficar de bem com a vida. Na falta do que fazer, resolveu trabalhar, ajudar os outros, fazer o serviço que ninguém queria fazer, resolveu ser positivo. A consequência é que a vida dele prosperou na própria prisão... Seu valor foi reconhecido e ele começou a ajudar as autoridades maiores. Ficou amigo de dois homens e usou seu dom de interpretar sonhos para ajudá-los.

Anos mais tarde, o faraó teve um sonho e precisava de alguém que o interpretasse. O amigo se lembrou de José, e lá estava uma oportunidade. Ele se viu diante do faraó e interpretou seu sonho. Então, José, foi promovido a vice-governador do Egito, aproveitando uma oportunidade que lhe foi dada. A partir dali, passou a residir no palácio, a ter tudo que queria e a viver uma vida maravilhosa.

Depois de todas essas crises e sofrimento, José casou-se e teve dois filhos. Ao primeiro, deu o nome de Manassés, dizendo: "Deus me fez esquecer todo o meu sofrimento e toda a casa de meu pai". Ao segundo filho, chamou de Efraim, dizendo: "Deus me fez prosperar na terra onde tenho sofrido". O tempo da vitória nos leva a esquecer o tempo de sofrimento. Então, podemos ver que o momento de sofrimento, de crise, é o momento em que também chega a nossa vitória.

Meu segredo...

Muitas vezes, vi meu mundo desabar e as situações se tornarem difíceis, tempestades tão pesadas que achei que não sairia inteira delas. Quantas vezes fiquei sem chão, pisando em nada... Quantas coisas me foram tiradas, quantas pessoas me feriram, simplesmente me ignoraram, me deram ingratidão quando eu procurei ajudar...

Já chorei. Às vezes, reajo chorando.

O meu segredo: descobri que a atitude que pode mudar a minha história é apresentar ao meu Deus em oração cada dor, cada dúvida, cada situação.

Diante dEle eu descarrego cada lágrima represada, cada grito da minha alma, cada resmungo. Fechada no meu quarto, só eu e Ele, que me conhece, que me ama, que me guarda, que cuida de mim. Começo falando sobre a minha fraqueza, as minhas falhas e peço o perdão. Então, relato cada situação e cada dor com detalhes, lágrimas e soluços. Entrego a Ele cada situação, cada problema. Minha família tem sido meu foco. Conto tudo e choro diante dEle. Pela minha família, meu ministério, pelos que me são caros. Depois disso, agradeço por tão grandes bênçãos que Ele tem me dado. Pelas oportunidades, pelo que tenho hoje, pela esperança do amanhã.

Além de agradecer, eu O louvo e adoro, falo palavras que O façam se sentir o meu Deus, digo frases de amor a Ele, o meu salvador. Para concluir esse tempo maravilhoso, incluo a chave da oração "Em nome de Jesus". Peço, agradeço, eu O louvo em nome de Jesus. Depois de me derramar na Sua presença, enxugo as lágrimas, lavo o rosto, sorrio e saio do quarto. E ali está a mulher decidida que vai tomar uma atitude, que vai agir e não vai deixar nada para amanhã.

Às vezes, parece que estou falando e conversando com o nada, mas, na verdade, existe um Deus me escutando, recebendo cada lágrima, emocionando-se comigo e me ajudando em cada uma das minhas necessidades. Tenho tido muitas experiências de oração e recebido respostas, consolo para a minha alma, força para enfrentar os desafios, ânimo para continuar.

Esse é o meu segredo e creio que este segredo está disponível para todas as pessoas. Creio que há um Deus que nos ouve, que sabe das nossas necessidades, da nossa crença. Só depende que acreditemos. Creio que Ele escuta as mais simples orações, de alguém que nunca orou, que nunca nem mesmo ousou falar com Deus. O segredo para ser ouvido é só falar tudo "Em nome de Jesus". Muitas vezes, a minha segurança e a minha força vêm desses momentos. E o interessante é que você começa a receber respostas para suas orações até chegar o momento em que se familiariza com o ato de orar e se torna íntima de Deus.

Tome a direção da sua vida, comece a escrever sua própria história, mude os rumos da sua existência. Tome a decisão. Espero que você se canse do que já passou e resolva que a sua vida precisa ser mudada. Faça uma oração, levante e seja uma nova pessoa, o mundo espera a sua mudança e a sua atitude. Pare de ser vítima, pare de procurar culpados e testemunhas e torne-se a grande criadora da história da sua vida, sendo ator, escritor, roteirista e diretor. Comece um novo tempo.

Capítulo 3

Decisões

O dia amanheceu nublado acho que pode chover, mas eu escolhi sorrir mesmo que a chuva possa causar uma enchente ou complicar o trânsito ela também pode trazer vida e frescor então eu escolho sorrir diante da incerteza do que possa acontecer.

Se algum de vocês tem falta de sabedoria, peça-a a Deus, que a todos dá livremente, de boa vontade; e lhe será concedida.

Tiago 1:5

Minhas decisões afetam o meu futuro

A vida nos traz, muitas vezes, momentos alegres e sorrisos. Passamos por momentos difíceis, situações que não planejamos e não procuramos nos desafiam, nos transformam. Há quem diga que viver dói. Sim, às vezes, dói na alma, há perdas, necessidades, mas nossas escolhas diante dessas intempéries da vida nos dirão aonde chegaremos e o que conquistaremos. Decida sorrir não porque tudo está perfeito, mas porque consegue enxergar além das imperfeições.

Uma decisão acertada pode trazer muita felicidade, mas a errada fará com que ela saia da sua vida pela mesma porta que entrou! Você pode decidir com quem vai se casar, se relacionar, a melhor profissão, a hora de namorar, a hora de ter filhos, de adquirir a casa própria e outros bens. Todas essas são decisões que devemos tomar na vida e que farão diferença tanto na nossa geração quanto nas futuras. Todas as decisões que tomamos nos levam a consequências que, boas ou más, teremos de enfrentar ao longo da vida. A decisão e a fé são irmãs que andam juntas. Como foi dito no capítulo anterior, a decisão é a chave para alcançar o impossível, e a indecisão, para tudo se tornar impossibilidade.

Quando você encontra o amor, tudo é lindo e maravilhoso. Mas a convivência revela o temperamento da pessoa, a família de onde vem e suas aptidões e caráter. Então, chega o momento de decidir se você vai viver um casamento feliz, se vai sofrer abusos, se vai ser feliz, se você e seu parceiro ou parceira vão crescer na vida intelectual e financeiramente. Na convivência antes do "sim", geralmente conseguimos vislumbrar essas consequências. Há uma passagem que diz: "Acima de tudo, guarde o seu coração, pois dele depende toda a sua vida" (Provérbios 4:23).

Conheci uma mulher que tinha uma linda filha criada com princípios morais e cristãos. Mesmo humildes, os pais trabalhavam para dar o mínimo de dignidade aos filhos, como casa, estudos, roupas limpas, ambiente tranquilo. Mas a linda filha escolheu namorar um rapaz que não havia sido criado da mesma maneira e cuja família era violenta. Ele também não parecia querer ter uma vida honesta. Um dia, a jovem não voltou para casa e os pais foram até a casa do namorado a fim de conversar com a filha e levá-la embora, alegando que aquela não era a criação que eles tinham lhe dado. Então, um membro da família do namorado agrediu o pai da jovem, que caiu, bateu a cabeça na guia da calçada e teve um traumatismo craniano. Quanto transtorno, decepção e tristeza para a filha ver o pai no hospital, sem trabalhar e sem poder garantir o sustento da família. Será que se os conselhos da mãe tivessem sido ouvidos, isso teria acontecido? Um relacionamento de amor que era para trazer alegria se transformou em tragédia. Essa história realmente aconteceu com conhecidos meus. Será que poderia acontecer com você?

Em todas as situações, boas ou ruins, existe um Deus bom e maravilhoso que quer o melhor para nós. Por isso, ele nos deu o livre-arbítrio, o poder da escolha. Viveremos as consequências dessas escolhas, mas saiba que, no final, Ele sempre nos dirigirá para a sua vontade e para o nosso bem. Tudo estará de acordo com o que seu coração decidir, se você será feliz no casamento com a pessoa que você escolheu viver e na sua decisão de amá-la todos os dias.

Do mesmo modo, se um dia você decidir se separar dessa pessoa, dissolver esse casamento, terá que viver os resultados disso. Em alguns casos, filhos vão sofrer, bens serão perdidos ou divididos, outros passarão a criar seus filhos amados. Será que essa escolha vale a pena? Sofrer as consequências será tão prazeroso assim?

O preço de uma decisão

Conheço a história de um homem que, casado há anos com a mulher que escolheu para viver um casamento estável e construir um futuro, fundou uma empresa com ela. Os dois tinham sonhos. Também tinham problemas, como todo casal. A esposa o amava muito, mas, apesar dos filhos dessa união, aos poucos, no dia a dia, ele começou a abrir mão dos princípios cristãos em que vivia e um dia resolveu levar uma vida diferente. Queria experimentar algo novo, ansiava por uma liberdade nunca vivida e decidiu dissolver o casamento.

Então, ele começou a se relacionar com outra mulher, que era dependente química, e escolheu fazer amizade com pessoas que andavam à margem ou fora da lei. Um dia, esses amigos o envolveram em um crime muito grave, pelo qual ele foi julgado e condenado a uma pena de aproximadamente trinta anos de reclusão. Que desespero... de uma hora para outra, este homem, que era um empresário bem casado, com filhos lindos, e que tinha uma vida estável, agora estava prestes a encarar a provação mais pesada e mais terrível de sua vida, a consequência de andar com pessoas que não lhe acrescentaram nada de bom, pelo contrário, só tiraram. Que tristeza. Certas amizades podem nos levar para o fundo do poço ou podem trazer sabedoria, bons conselhos e um amparo nas horas difíceis, mas temos que escolhê-las e decidir com quem queremos nos relacionar.

Mas, acima de nós, existe um Deus que está sempre ao nosso lado.

Na penitenciária, o homem conheceu a Palavra de Deus de uma maneira profunda e íntima. Hoje, ele tem paz na alma e no coração, e tem fé que sairá dessa situação, voltará a viver em sociedade e tomará decisões diferentes.

Com ajuda de Deus e dos ensinamentos de Jesus Cristo foi tirada a mágoa do coração dos filhos e da ex-esposa e o perdão pôde entrar em suas vidas. Atualmente, eles mantêm um relacionamento amigável e de compreensão mútua.

Para uma vida mais saudável

Tome boas decisões em relação à sua alimentação porque o que comemos hoje nos trará consequências futuras. Tenho muita dificuldade em controlar o peso e em manter uma alimentação saudável com meu estilo de vida, cheio de viagens semanais, sem horários regulares e com o sono prejudicado pela constante mudança de local. Sabemos que a obesidade é uma doença, mas, diferentemente de qualquer outra doença, como o tabagismo, por exemplo, é tratável e pode ser prevenida também. Infelizmente, na nossa cultura usamos a comida como uma recompensa, sobretudo os doces e as guloseimas. Na infância, comumente, comer um prato de comida saudável vale um doce de sobremesa. Assim, acabamos aprendendo a não dar atenção à comida que verdadeiramente nos alimenta e transferimos o prazer da boa alimentação para o momento das guloseimas e das comidas não nutritivas, como os lanches. Refleti sobre isso e fiz uma análise desse comportamento na minha vida.

A literatura médica diz que, após os 35 anos, naturalmente passaremos a ter dificuldade para emagrecer. Já passei dessa idade e, para agravar o meu caso, tenho um diagnóstico de doença de Hashimoto e uma tireoide atrofiada. Nunca fui obesa porque, confesso, tenho autocontrole. Se eu comesse tudo aquilo que quero e nas horas em que quero, já estaria doente. Mas, estou atenta e me mantenho na margem do sobrepeso. Aprendi que as minhas decisões na hora de comer vão afetar o meu futuro, se serei diabética tipo 2, a que não é genética, se terei problemas de pressão arterial, se terei problemas nas articulações. Além desses, muitos outros males que são causados pelo excesso de peso dependem das escolhas que faço na hora de me alimentar ou alimentar a família.

Sempre haverá a opção saudável e gostosa e a não saudável e também gostosa, independentemente da história de vida de cada um, da condição de saúde e ou psicológica. Decidir ser feliz com uma alimentação mais saudável não é o caminho mais fácil, mas, comprovadamente, é o que traz um futuro ou uma velhice com mais qualidade de vida.

Você não precisa ser sócio da academia mais cara, você pode optar por caminhar mais do que costuma no seu dia a dia. Tive uma funcionária que eliminou muito peso, cerca de 50%, com uma alimentação saudável. Ela me contava, por exemplo, que em alguns dias ela descia alguns pontos do ônibus antes do seu destino e caminhava porque este era o tempo disponível para fazer uma atividade física. Então, ela colocava um tênis e se esforçava. Em muitos casos, apenas reduzir os carboidratos, açúcares e gorduras saturadas do cardápio não vai proporcionar rápida perda de peso. É necessário queimar as gorduras que se acumularam ao longo dos anos com exercícios físicos. Não é fácil, mas é possível. Eu tenho que estar no controle. Sou eu quem controla a comida, não o contrário. Eu decido.

Pense um pouco em quem está no controle da sua vida e dos seus relacionamentos e tome uma decisão hoje. Faça as mudanças necessárias que só você pode realizar para contribuir para a sua felicidade. O poder da escolha está nas suas mãos. Escolha ser feliz no amor, nas amizades, na vida, na saúde.

Aprendi a orar antes de decidir

Ao homem pertencem os planos do coração,
mas do Senhor vem a resposta da língua.
Provérbios 16:1

Acreditar que existe um poder maior, uma força que pode nos restaurar quando estamos fracos, torna a vida mais leve. Quero incentivar você a acreditar que existe um plano maior e melhor, que foi elaborado pelo Criador de todas as coisas especialmente para você e que é possível se relacionar com esse Deus maravilhoso através da oração. Orar é a experiência de conversar com Deus e receber suas respostas por meio da palavra da Bíblia. Orar antes de todas as decisões nos dá a certeza de que, se o intelecto e conhecimento não nos apresentar a solução, a Bíblia o fará. Quero te incentivar a adquirir o hábito de orar antes de realizar ou decidir qualquer coisa na sua vida. A oração move o coração de Deus, e situações podem ser mudadas por intermédio do poder que ela tem.

Como é bom sonhar e planejar! Se você parou de fazer isso, volte a fazê-lo porque uma pessoa sem sonhos é um morto que respira. Alguém sem planos é como um navio no mar sem bússola e sem direção. O grande consolo é que, por maior que sejam os nossos sonhos, os planos de Deus são melhores. Confie e verá!

Ouvi uma história de uma garotinha que fez uma prova e tirou zero. Quando ela foi conferir, percebeu que havia acertado tudo, mas que tinha preenchido errado a folha de gabarito. Essa garota foi para o culto na igreja e orou a Deus. Pediu para que a sua nota fosse mudada. Seu pai, que ainda não sabia de nada, ouviu a oração e no dia seguinte foi falar com o diretor da escola e interceder por ela. O diretor disse: "Ninguém muda isso!". Passados alguns dias, o diretor chamou a família. Ele havia avaliado a situação com um grupo de conselheiros e disse para a garotinha: "Nota 10 não dou, mas vou dar nota 9".

Existem situações que ninguém muda, mas Deus muda!

A oração é o meio de conectar o mundo natural com o celestial. É a maneira como a humanidade deve se relacionar com Deus. É impossível você desenvolver uma amizade, um relacionamento, um nível de intimidade com alguém com quem você não conversa, não é mesmo? Com o Pai celestial é assim também, e a oração é o caminho para a amizade com Ele, não é apenas uma maneira de pedir coisas. Quando Jesus Cristo nos ensina a orar, Ele não nos manda fazer reverências ou usar palavras complicadas, Ele simplesmente nos diz para chamá-lo de Pai, nosso Pai que está no céu. Você já conversou com Ele hoje? Quando amamos alguém, queremos falar com essa pessoa todos os dias; então, comece hoje sua vida de oração e converse com o Pai!

Um dia, Géise, minha funcionária, ganhou um berço de uma amiga e disse que não precisava porque não tinha filhos ainda. A amiga insistiu dizendo que não precisava mais do berço. Passou um tempo, e uma mulher carente que estava grávida orava a Deus pedindo um berço porque ela não tinha condições de comprá-lo. Essa necessidade chegou aos ouvidos da Géise, que se prontificou a doar o berço que estava guardado. Então, ela entendeu que aquele presente não serviria para ela, mas que Deus iria usá-la para abençoar quem estava precisando.

Deus irá mover pessoas para te abençoar. Essa bênção está guardada e na hora certa virá para as suas mãos. Nós também podemos ser os braços, as pernas, as mãos de Deus na Terra para ajudar os necessitados. O Senhor pode fazer com que você seja a solução para alguém.

Decisões corretas me levam à frente

Você terá sucesso e vida financeira estável caso se dedique à sua profissão, sem medo de aceitar os desafios e acreditando na sua capacidade. Observe atentamente qual é a sua aptidão. É bem verdade que, às vezes, temos que trabalhar por um tempo naquilo que não gostamos muito, mas essa é uma atitude inteligente e uma maneira de se capitalizar para fazer aquilo pelo qual realmente temos paixão. É necessário aliar a paixão e a inteligência para ser bem-sucedido. Acredite que você é capaz, nunca escolha o mais fácil, escolha aquilo em que pode aplicar o seu dom e se dedique para ser o melhor.

Sou fruto do saldo positivo entre as decisões certas e erradas que tomei. A decisão certa de seguir as indicações que Jesus deu aos seus discípulos é a seguinte: "Seja o seu 'sim', 'sim', e o seu 'não', 'não'; o que passar disso vem do Maligno" (Mateus 5:37). Temos momentos de fraqueza, mas a atitude e as decisões diante desses momentos irão determinar o tipo de consequências que enfrentaremos. Nossa posição diante de determinada fraqueza é o que define se vou ceder a ela ou não. Mesmo quando tudo parece que não vai dar certo, decido se vou sorrir ou chorar, se vou desistir ou prosseguir, se vou lutar ou me entregar. A única certeza que temos nessa vida de incertezas é que tenho o poder de decidir isso. E o mais importante, afinal, é que Deus age conforme as minhas decisões.

Lembro agora da famosa história do escorpião e do sapo. Um escorpião aproximou-se do sapo que estava à beira de um rio e lhe fez um pedido:

— Amigo sapo, tudo bem? Por favor, você poderia me carregar até a outra margem deste rio tão largo?

O sapo respondeu:

— Só se eu fosse louco! Você vai me picar e eu vou ficar paralisado e afundar.

O escorpião argumentou:

— Isso é ridículo! Se eu picar você, ambos vamos afundar e nos afogar.

Confiando na lógica do escorpião, o sapo concorda e leva o escorpião nas costas, nadando para atravessar o rio. Quando chegaram ao meio do rio, o escorpião cravou o ferrão no sapo. Atingido pelo veneno e já começando a afundar, o sapo perguntou:

— Por que você fez isso? Agora nós dois vamos morrer!

E o escorpião respondeu:

— Porque sou um escorpião e esta é a minha natureza.

O sapo teve o poder de decidir se iria dar a carona para o inimigo ou não. Decisões nos levam ao sucesso ou à frustração.

Tome decisões mais sensatas a partir de hoje. Se você não tem sabedoria, busque. Você é capaz, acredite. Tem condições de fazer tudo o que deseja, portanto, tome as decisões *certas*. Avalie os resultados que podem ser favoráveis ou não, mas são as decisões corretas que irão te levar para o seu melhor futuro. No fundo, o sapo sabia do perigo que corria e teve a opção de escolher se iria dar a carona para o escorpião ou não. Então, vamos lá! Levante com ânimo e veja um lindo futuro cheio de esperança para você. Transforme as crises em oportunidades. Se tomar a decisão certa, o pior dia da sua vida poderá ser o seu maior testemunho de superação.

Capítulo 4

Olhando para dentro de mim

Não se deixe enganar pela decisão dos outros.

O que os outros falam não altera o que sou

Meu esposo é bem agitado, trabalha muito e se preocupa muito. Ele tem cabelo liso, com três remoinhos, e sempre penteou o cabelo para o lado. Fez algumas tentativas de mudar, mas acabou mantendo os fios sempre do mesmo jeito. Ele penteava o cabelo cedo, antes de sair, e ao longo do dia o cabelo saía do lugar e ficava bagunçado. Para ele, o cabelo permanecia certinho o dia todo, mas na visão dos outros o cabelo parecia bagunçado. Apesar da questão do cabelo, meu esposo sempre foi aceito nos meios por onde transitava e seus projetos eram bem-sucedidos. Foi assim até que alguém tocou no assunto do cabelo bagunçado. Daquele momento em diante, ele começou a se olhar com outros olhos e viu que a imagem que tinha de si não era a mesma imagem que as pessoas tinham.

Certo dia, em uma viagem aos Estados Unidos, ele foi ao spa do hotel, viu os executivos americanos se arrumando para o trabalho e descobriu que todos usavam spray para fixar o penteado. A maior surpresa dele foi saber que um amigo sempre estava com o cabelo arrumado porque era um usuário inveterado de spray. Meu esposo fez questão de passar a mão no cabelo do amigo para confirmar a suspeita!

É importante entender como as pessoas nos enxergam, porque pode ser que elas nos enxerguem de um modo diferente daquele com que estamos acostumados a nos ver. A prova disso é o *bullying*.

Existem situações em que nos diferimos da maioria, e existem pessoas que têm a tendência de nos culpar, de falar de nós e até mesmo de se afastar em função daquilo que somos. Muitas vezes, isso acontece por fatores externos à nossa vontade, como o jeito de falar, de andar, nossas preferências, gosto musical, fatores raciais e até a crença de ideais religiosos. Na verdade, todos os dias somos vítimas de preconceitos, separatismos e até mesmo de exclusões por medo de que tiremos a luz de outras pessoas. Então, somos barrados. No fim das contas, o que importa é o quanto a opinião das pessoas sobre nós exerce influência na nossa vida, nos nossos costumes, no nosso modo de enxergar as coisas.

Eu não posso ignorar o que as pessoas pensam de mim. A forma como me classificam tem alguma relevância porque vivemos em sociedade e é bom estar em um grupo e estar adequado aos grupos e padrões sociais. O que pensam de mim pode me ajudar na convivência social ou não, pode me elevar socialmente ou não. Preciso me adequar, buscar os padrões, mas o que importa realmente é ser eu mesma, viver o que quero e entender que não sou o que as pessoas desejam para mim. Vou procurar me adequar, aprender, mas eu sou eu. Sou o que sou. Talvez muitos terão que engolir isso, mas eu sou eu mesma. Outros vão me amar do jeito que sou. O importante é gostar do que se é, mesmo que vejam você de forma diferente da qual você se vê. As pessoas podem pensar o que quiserem, você é o que você é.

Meu esposo se via com o cabelo arrumado, mas as pessoas o viam como alguém que só andava com o cabelo bagunçado. Foi importante perceber que outras pessoas o viam de forma diferente. Naquele momento, houve até um pouco de dor, mas aquilo o ajudou a procurar uma solução e a mudar sua atitude e costumes para poder adequar a visão de si mesmo ao modo como era visto pelos outros.

Minhas referências

Cresci escutando Denise e Luiz de Carvalho, cantei na igreja várias vezes as canções "Rosa Vermelha" e "Anjos de branco". Mas eu escutava Philip Bailey e Stevie Wonder também. Sempre gostei de jazz e estudei música clássica no conservatório. Cantava corinhos na igreja e adorava ir às reuniões do Tio Cassio, no ministério de louvor, e escutar o Oficina G3, com muito rock. Estive em vários países do mundo e recebi as mais diversas influências. Em Portugal, chorei ouvindo fados; na África, dancei e pulei com os ritmos africanos. Amo músicas pentecostais com letras fortes e amo as canções tipo adoração da Gateway Church, onde recebi tanto de Deus, que usou muitas ferramentas e fontes musicais para me formar. Na verdade, sinto-me como uma joia preciosa que vai recebendo tratamentos, lapidações e banhos químicos para se tornar uma obra de arte do grande ourives.

Por outro lado, não escolhemos o local nem a família em que nascemos. Na maioria dos casos, não vivemos onde gostaríamos de viver, não estudamos na escola que queríamos e não participamos dos grupos de que gostaríamos. Às vezes, esses meios nos causam descontentamento com a vida e com o mundo, pois aqueles não eram nossos desejos. Muitas vezes, o meio em que vivemos é controverso, cheio de conflitos, situações insustentáveis que independem da nossa vontade e que influenciam a vida de forma muito forte. Como cantar num lar em que impera a briga? Como diversificar meu conhecimento musical onde só se escuta rock e é proibido ouvir outra coisa?

Estou mencionando tudo isso para destacar que na vida teremos influências de todos os meios, boas e ruins, alegres e tristes, que nos marcarão. Sempre serei o fruto dessas influências, mas apesar delas e do meio, posso escolher meu caminho e minhas direções. Esse poder de escolha é o chamado livre-arbítrio que Deus nos deu.

Quando estive na África do Sul, fiquei impactada com a herança deixada por Nelson Mandela. Era um país de maioria negra, governado por uma minoria branca que sofreu o apartheid, um regime que concedeu privilégios aos brancos em detrimento dos negros, e estes foram submetidos a muito sofrimento. Nesse meio-tempo, Mandela foi solto e o apartheid chegou ao fim. Todos esperavam uma revolta e a tomada do país pela maioria negra, mas Mandela, que exercia uma influência extraordinária sobre o povo, ensinou a todos que o caminho seria pacífico, com a união de brancos e negros, sem vingança. Em Joanesburgo, perguntamos aos amigos negros se eles não fariam algo para tomar o governo, para se vingar. A resposta era sempre "não", que Mandela havia ensinado que a vingança não era o caminho.

As lembranças das situações de opressão, dos anos de sofrimento e dor não se tornaram motivações para a vida, mas, sim, as palavras boas de um homem chamado Nelson Mandela.

É importante construir a vida baseada em influências que levarão ao melhor resultado, assim como foi na África do Sul. O povo teve a chance de se basear no ódio, mas preferiu usar o perdão e a tolerância.

As promessas de Deus

Aprendi com a minha vivência a conhecer a Palavra de Deus. São tantas palavras maravilhosas me dando esperança e, principalmente, direção. O que mais me fascina na Palavra de Deus são as promessas que Ele faz àqueles que resolvem amá-lo e segui-lo. Tenho vivido com muita intensidade meu relacionamento com Deus e experimentado suas promessas. Tenho aprendido a transformar meus sonhos em promessas de Deus. Deixe-me explicar como faço isso.

Procuro meus sonhos, meus desejos, minhas vontades e as coloco na presença de Deus para sua aprovação. Busco sua orientação e, quando sinto que aquilo faz parte da direção de Deus, peço com fé. Jesus disse claramente: "E TUDO quanto pedirdes em meu nome, crendo, recebereis". Quando creio, real e firmemente, aquilo que coloquei em oração não é mais um sonho, torna-se uma promessa de Deus. Assim foi com o Grammy, com meu apartamento, meus CDS, meu ministério. Creio que Deus quer que vivamos as promessas dEle. E Ele tem um plano maravilhoso para a minha vida, no presente ou na glória com Ele.

Quero ressaltar aqui algumas promessas maravilhosas que podemos encontrar na Palavra de Deus.

> Desde os dias mais antigos eu o sou. Não há quem possa livrar alguém de minha mão. Agindo eu, quem pode desfazer? (Isaías 43:13)

> De todas as boas promessas do Senhor à nação de Israel, nenhuma delas falhou; todas se cumpriram. (Josué 21:45)

Ele enxugará dos seus olhos toda lágrima. Não haverá mais morte, nem tristeza, nem choro, nem dor, pois a antiga ordem já passou. (Apocalipse 21:4)

Tu, guardarás em perfeita paz aquele cujo propósito está firme, porque em ti confia. (Isaías 26:3)

De dia o sol não o ferirá, nem a lua, de noite. (Salmos 121:6)

Nenhum mal o atingirá, desgraça alguma chegará à sua tenda. Porque a seus anjos ele dará ordens a seu respeito, para que o protejam em todos os seus caminhos; com as mãos eles o segurarão, para que você não tropece em alguma pedra. (Salmos 91:10-12)

O SENHOR é o meu pastor; de nada terei falta. (Salmos 23:1)

Jesus respondeu: "O que é impossível para os homens é possível para Deus". (Lucas 18:27)

Em muitas ocasiões a Palavra de Deus trouxe consolo, paz e motivação para a minha vida. O Evangelho diz o que realmente sou. Às vezes, sinto-me desnorteada no meu caminho, então procuro ler a Bíblia e encontro palavras de consolo nos Salmos, de sabedoria nos provérbios e meditações sobre a vida em Eclesiastes. Nas horas difíceis, vale a pena consultar a Palavra de Deus.

As fases da vida

Interessante como a vida muda. Fui adolescente, jovem, me tornei esposa e por dentro me sinto a mesma garotinha, mas, na verdade, tudo mudou. Ainda gosto de bonecas, mas não como antes. Minha neném cresceu, e tenho dificuldade para me adaptar às ideias próprias dela. As pessoas têm conselhos, pontos de vista, mas tem sido difícil ser eu mesma.

Quando eu tinha 20 anos, recém-casada, nosso sonho era ter uma carreira musical, viajar pelo mundo inteiro, cantar em todos os lugares... conseguir nosso lugar ao sol. Nesse tempo, a alegria era cantar em um lugar novo, participar dos festivais. Participávamos de grupos musicais, dinheiro não era nossa meta; o sonho era "fazer a obra".

Por muitas vezes, nossa filha dormiu embaixo do piano, almoçamos sanduíche, viajamos em uma kombi lotada, em ônibus. Nossos problemas eram falta de dinheiro, oficial de justiça, carro velho. Meu marido tinha só um par de sapatos cujas solas furaram. Tantas lutas, tantas dificuldades. Mas foi um tempo feliz, em que os obstáculos não atrapalharam nossas metas de vida, nem nossa garra e vontade de vencer. Então, tudo mudou.

Veio o Grammy, a casa, minha filha cresceu, o mundo da música se transformou, o CD está quase esgotado, amigos e inimigos se revelaram, eu me tornei uma pastora, dirigimos uma igreja por quatro anos, fomos amados e odiados, tivemos alegrias incríveis e tristezas imensas, meu esposo foi estudar Medicina e a rotina de viagens se tornou solitária e mais difícil. Ainda assim, a cada dia construímos um tempo novo. Descobrimos muitas realidades porque não estávamos mais sendo levados apenas pelos sonhos, pelo desejo de crescer, de ser alguém. Tudo mudou: as alegrias, as tristezas, as preocupações, a forma de ver a vida.

Cada fase da vida tem que ser curtida, cada uma com cores diferentes, gostos diferentes, cheiros diferentes, alegrias diferentes e dificuldades diferentes.

Às vezes, eu gostaria de ser a menina de uniforme vermelho que ia para escola e escutava Denise e Luiz de Carvalho, mas hoje sou a mãe, a profissional, a pastora, a escritora, a esposa e tenho de encontrar tempo para ser eu mesma. Mesmo que tudo mude, tenho que entender que sou a pessoa criada por Deus para cumprir um plano especial desenhado por Ele: ser cantora, escritora e mãe.

É importante olhar para dentro de mim e entender que cada momento da vida é composto de fases diferentes, de mudanças. Estou falando dessas fases, mas eu mesma tenho muita dificuldade com mudanças. Muitas vezes fico me perguntando por que houve a mudança. Precisava mudar? Eu não queria que mudasse... Na verdade, sou uma pessoa que tem muita resistência às mudanças e isso me traz muita indecisão. Mas Deus tem cuidado de mim e me ensinado a conviver com as transições, a trilhar caminhos novos e diferentes.

Certo dia, minha filha manifestou o desejo de estudar nos Estados Unidos. No início, a ideia foi maravilhosa e eu estava em condições de colocá-la em prática. Eu a acompanhei até a escola em Dallas, mas, quando cheguei em casa, caiu a ficha que minha filha não estava mais lá. Meu mundo desabou... Foi um tempo de choro, muita angústia, muita tristeza. O que me consolou foi a Palavra de Deus e o meu ministério. Meu esposo me deu forças e não me deixou esmorecer. Eu não imaginava que essa mudança poderia me afetar tanto... No meio desse conflito, conversando com outras mães que enviaram seus filhos para estudar fora, descobri que eu não era a única a sofrer assim. E aquilo se tornou apenas mais uma das mudanças que a vida me trouxe.

Nem sempre estamos preparados para as fases da vida, mas precisamos estar cientes de que Deus nos ama, faz cada tempo e indica cada propósito para o nosso crescimento.

Nem todos se alegram com o meu sucesso

Essa é uma lição difícil de aprender. Difícil de digerir.

Quando somos crianças, nossos pais se alegram com tudo o que fazemos, fazem festa se comemos, ficam felizes com gracinhas, avisam todos da família sobre qualquer nova descoberta. Cresci nesse ambiente, e achava que fazer coisas boas deixava todos felizes, que meu sucesso era motivo de alegria e, que, se eu evoluísse, todos se sentiriam majorados também. Foi muito doloroso descobrir que isso não é verdade, que nem sempre o nosso sucesso alegra as outras pessoas.

A primeira dificuldade é lidar com a inveja. Minha mãe falava que eu tinha que tomar cuidado com a inveja e com a cobiça das pessoas em relação a mim. O tão falado olho gordo. Eu não achava isso tão grave, mas era. Quanto maior a vitória, maior o descontentamento. Quando ganhei o Grammy, houve muita alegria sincera, mas, entre olhares e palavras, senti o peso e a pressão de ter subido alto demais. Algumas pessoas pararam de falar comigo, outras que não falavam comigo, e eu sabia que não gostavam de mim, começaram a se relacionar comigo por interesse. O mais interessante eram as ironias: "Agora você é vencedora de Grammy, então...". As exigências aumentaram no que dizia respeito ao meu círculo de relações. O prêmio foi incrível, marcou minha carreira e minha vida, mas revelou que nem todos se alegraram.

Existe o relato da obesa má: "Já que eu não emagreço, vou engordar as minhas amigas". Agora imagine ser amiga dessa gordinha e correr para lhe contar que você conseguiu perder 5 quilos. Para você, é uma vitória tremenda, uma alegria imensa, mas para ela, será um ataque. Pensamos que esse tipo de coisa não existe, mas existe e é forte.

Às vezes, a família também é um meio competitivo, no qual vencer é um problema. Chega a ser uma ofensa. Principalmente quando há um filho protegido. Formar-se em uma faculdade mais difícil que a do outro, por exemplo, é um caso sério. Estar bem financeiramente então... Pior é ter uma boa condição financeira e não ajudar aquele parente que não consegue nada. É caso de briga.

Uma coisa eu aprendi: é melhor buscar a aparência da humildade. Jesus ensinou que ao chegar a um lugar não se deve ocupar os primeiros lugares com pompa, orgulho e sentar-se à frente pois os organizadores virão e te colocarão em um lugar bem mais para trás, e isso será uma vergonha para você. Então, Jesus diz que ao chegar a um lugar deve-se ocupar os últimos lugares, assim os organizadores virão e te colocarão em um lugar mais à frente, e isso será uma honra para você.

Assim, nas situações da vida em que você for vencedor, não saia contando a vitória, seja discreto, deixe os outros saberem da sua vitória e te honrarem. Não honre a si mesmo. Talvez esse seja o segredo. Seja sábio com suas vitórias e derrotas, deixe que outros espalhem a notícia. É melhor permanecer calado, deixando as coisas acontecerem. A Bíblia fala que até o louco quando se cala se passa por sábio.

Sempre vão falar de nós, bem ou mal. Vamos fazer a nossa parte e deixar que os outros se preocupem com as notícias. A história nos julgará.

Sentenças

Minha mãe teve uma vida muito sofrida. Minha avó abandonou meu avô quando minha mãe era muito pequena, e ela e meu tio foram criados por madrasta. Aos 9 anos, ela foi doada para uma senhora, que a fazia de empregada doméstica. Ela morava na casa da senhora em troca de um lugar para dormir e de comida. Era uma situação deprimente, e hoje temos leis que combatem esse tipo de escravidão. Mas, naquele tempo, era algo normal.

O pior nessa situação eram as sentenças dessa senhora para a minha mãe. Ela dizia: "Você nunca vai ser nada", "Você nunca vai se dar bem na vida". Essas frases na cabeça de uma pessoa que está passando por um momento difícil da vida soam como sentenças de morte. Minha mãe chegou até mesmo a acreditar nessas palavras, pois seu estado era lastimável. Mas o nosso Deus não nos faz desamparados.

Certo dia, meu tio, que já era casado e tinha conhecido uma vida com Jesus, resolveu tomar uma atitude: resgatou a irmã daquela casa. Ela foi para o convívio das pessoas e começou a frequentar a igreja onde conheceu meu pai. Então, casou-se e teve 3 filhas lindas, todas mães e todas com uma vida de vitórias. Minha mãe se foi para o Senhor em 1998, mas as sentenças não mudaram a sua vida e o que prevaleceu foram as promessas de Deus. Ela recebeu a bênção, teve sua casa própria e uma descendência *abençoada*. Conheceu alguns de seus netos e foi uma mulher *abençoada*. Foi também professora da escola dominical da bispa Sonia Hernandes.

Muitas pessoas lançam sentenças sobre nós, mas o nosso Deus é um Deus que nos conhece e nos ama, Ele tem um plano para nossa vida, não importa a situação, a possibilidade ou estado em que estejamos. Deus nos abre portas, oferece oportunidades e aponta saídas. Cabe a nós buscar a Sua presença.

Existem pessoas que só proferem sentenças e fazem julgamentos. Se você está bem financeiramente, falam que você está roubando, se consegue um bom carro é porque é burguês, se tem um problema é porque está em pecado, se fica doente é castigo de Deus. Afaste-se dessas pessoas. Hoje, o foco são os outros. Amanhã, sem dó e misericórdia, o foco será você.

Tenho procurado ser uma porta de bênçãos para as pessoas. Quando Deus chamou a Abraão, mandou que ele fosse uma bênção. Então, tenho procurado somente dizer bênçãos e palavras de edificação.

O ponto de vista de Deus

Preciso entender o que sou do ponto de vista de Deus. Como Deus me vê?

Não sou uma coitada, ninguém é um coitado. Deus não tem dó de ninguém, Deus tem amor. Não somos alvos da dó de Deus, mas de Seu amor. Ou seja, Deus nos fez capacitados para algo, nos preparou para exercer um papel, para uma missão. Conheci um garoto que não tinha pés nem mãos e ele aprendeu a fazer tudo, casou-se, teve filhos e fala com todo o desembaraço sobre o amor de Deus que o capacitou. Mas, para isso, é preciso encontrar dentro de si e ao seu redor qual é a finalidade da sua vida. A busca de um propósito é algo muito importante, e a pessoa que acha o seu descobre o sentido de tudo na vida e poderá usufruir o tempo da felicidade.

Quando descubro o propósito de Deus, encontro sentido para cada pequena coisa. Quando vejo o propósito de Deus, consigo enxergar quem realmente sou. Não sou o que as pessoas pensam de mim, não sou as sentenças que falaram para mim, não sou assim para alegrar ou incomodar os meus amigos e parentes. Eu sou o que o meu Deus quis que eu fosse, o que Ele desejou para mim. Quando descubro quem sou, posso escolher meu caminho e, principalmente, posso escolher sorrir. Mesmo diante da maior prova, mesmo diante do maior problema.

Eu escolho sorrir.

Capítulo 5

Enxergando as boas oportunidades

Oportunidades são portas

Duas aves que admiro, são a galinha e a águia. A característica delas me ajuda a entender melhor o sentido da vida.

A galinha é um animal doméstico e consegue viver amparada pelo homem, que lhe oferece alimento. Ela tem dificuldade de viver sozinha, em ambientes inóspitos, onde tenha que buscar o próprio alimento. Sua visão é fraca, e ela só consegue enxergar a poucos centímetros do chão. Progride apenas se o dono assim o permitir. Com isso, o processo evolutivo não permitiu que suas asas se desenvolvessem...

Por outro lado, a águia tem um dos mais complexos sistemas de visão do reino animal, o que lhe permite estar a uma grande altura e enxergar um pequeno alvo no solo. Dessa forma, ela sai de grandes altitudes e consegue caçar seu alimento. Essa capacidade permite que a águia viva em ambientes cercados de desertos e não dependa de ninguém para sobreviver. Ela dirige a própria vida e a evolução presenteou a espécie com asas que lhe permitem usar esse dom. Se tivesse os olhos da galinha, de nada adiantariam suas asas uma vez que a galinha só consegue enxergar a poucos centímetros do chão. Seria um desastre estar a milhares de metros de altura e não conseguir enxergar a presa. O fato de ter uma visão ampliada muda a vida, os costumes, a autonomia e o cardápio da águia. Isso a leva a posições superiores na cadeia alimentar do reino animal. Ela não é a presa de ninguém e só come o que escolhe comer.

Um dos maiores dons que uma pessoa pode ter é enxergar. E não estou falando de enxergar com a visão comum. Estou falando da habilidade de visualizar as oportunidades, as portas da vida, as chances que se apresentam. A cada dia surgem portas para que entremos, elas são oportunidades. Talvez um curso novo, um emprego novo, talvez uma pessoa chata que vem nos incomodar com a ideia de que vai mudar tudo... Às vezes, é a oportunidade de ajudar sem ganhar nada que pode nos levar a conhecer a porta que vai nos suprir em tudo. Quando fecho os olhos, vejo portas. Portas boas, que me levarão a novos lugares de crescimento e bênção, e portas ruins, que me levarão a situações e lugares terríveis.

Há vinte e cinco anos, conheci um rapaz magro, que tocava teclado, tinha uma banda, um sorriso simpático. Ele se aproximou de mim, me encantou... Enxerguei ali uma porta que poderia ser boa para a minha vida. Várias portas desse tipo já tinham aparecido, mas preferi não entrar. Daquela vez, achei que a porta me levaria a um lugar especial.

Resolvi entrar, decidi buscar o que aquela porta, aquela oportunidade, trazia de bom. Daquela vieram outras portas, como a do casamento, pela qual entrei também, as portas na música, e deu no que deu. Portas maravilhosas e portas difíceis, que, às vezes, são tantas que é difícil até de lembrar.

Deus nos dá oportunidades, portas que nos levam à sua vontade, ao cumprimento do seu plano para nós.

A cada etapa, portas se abrem; é preciso enxergá-las

Cada novo dia traz novas oportunidades. Cada pessoa que conhecemos é uma possibilidade que se abre, em cada esquina que viramos existe algo novo que precisa ser visto, em cada mensagem de WhatsApp tem o que foi dito, o que se quis dizer, o que não foi dito e uma oportunidade de abrir ou fechar portas com uma resposta. É necessário tirar o foco das coisas que nos cercam para conseguir ver onde estão as oportunidades excelentes. Existem aquelas que são barcos furados, então temos que pedir a Deus que nos mostre isso.

Há alguns anos, vários amigos nossos nos convidaram para participar de uma rede em que se aplicava pouco dinheiro e se ganhava muito. Boa parte desses amigos logo se filiou. Parecia uma oportunidade maravilhosa. Alguns chegaram a vender propriedades para se filiar. Senti que algo estava errado, pois não é possível investir pouco e ganhar muito. Depois de algum tempo, essa rede foi proibida e todos perderam o dinheiro investido. Uma oportunidade que parecia muito boa era, na verdade, um engano, uma armadilha da vida.

Mas também surgiram oportunidades preciosas. Quando eu estava no início da minha carreira musical, a rádio Imprensa Gospel de São Paulo fez uma promoção convidando as pessoas que gostavam de cantar para montar uma banda, gravar uma música e enviar a fita. O prêmio era a chance de cantar no SOS da Vida, o maior show gospel da época. O vencedor seria aquele que recebesse o maior número de cartas. Era uma oportunidade de mostrar nosso trabalho, da nossa música ser cantada na rádio. Uma grande oportunidade. Mobilizamos todos os amigos, todo o dinheiro, tudo o que conhecíamos. Houve uma professora amiga que pediu a seus alunos para escrever cartas para nós. Que loucura! Eram caixas e mais caixas de envelopes. No fim, ficamos em terceiro lugar com 7 mil cartas e tivemos a chance de participar do festival. Ali, a Metanoya foi aclamada pelo público, era banda que eu e meu esposo tínhamos. A música ficou muito conhecida e até hoje as pessoas comentam sobre ela porque em um trecho eu dava um grito que ficou muito famoso na época. Essa porta abriu muitas outras, que abriram outras mais.

Dali, veio a chance de participar do grupo musical Renascer Praise. Do Renascer Praise surgiu a oportunidade de lançar meu CD e minha carreira solo. Do CD, surgiu a possibilidade de trabalhar com grandes gravadoras. Então, vieram os Grammys Latinos, que me deram acesso às prefeituras. E a vida foi acontecendo de oportunidade em oportunidade.

Querida amiga, é preciso entender que as oportunidades não vêm na hora certa, do jeito certo. Às vezes, elas ficam meses sem aparecer. As coisas acontecem devagar. O mais importante é pedir a Deus que abra os olhos da nossa alma para podermos enxergar os problemas que vêm embutidos nas oportunidades.

Portas levam para cima ou para baixo

Viver é perigoso, andar na rua é perigoso, nadar é perigoso, até comprar alimentos é perigoso. Tive uma amiga que teve alguns problemas de memória, de repente, não sabia onde estava, tinha crises de ausência. Seu esposo e seus filhos desconfiaram de que algo estava errado. Ela é uma mulher bem-sucedida, fina, com plenas condições financeiras e um padrão de vida excelente. Fez exames no melhor hospital e chegou-se à conclusão de que ela teve cisticercose, doença provocada por um parasita que vem dos suínos. Ela foi tratada e cuidada primorosamente, mas deixou de comer derivados suínos.

Os médicos explicaram que aquele era um parasita que pode vir nas hortaliças que são adubadas com restos suínos. Ou seja, comprar uma alface no mercado pode ser perigoso. Como agir quando uma verdura no supermercado pode ser uma porta para a morte?

Mas, não vamos nos assustar, pois a cada dia nos deparamos com pessoas, situações e ofertas que serão portas para o novo em nossa vida.

Minha filha estava estudando Propaganda e Marketing aqui no Brasil e por algum tempo foi estudar em uma escola americana, em Dallas. Nos avisos da escola, viu que no mês de julho acontecia o acampamento para jovens e que milhares deles viajavam e chegavam à cidade, divididos em americanos e hispânicos. Era uma oportunidade de trabalhar, conhecer pessoas e aproveitar mais sua estadia nos Estados Unidos. A primeira decisão foi escolher o grupo com o qual trabalhar. O americano era muito grande, com todas as posições na equipe já preenchidas. Já no hispânico faltavam pessoas. Ela procurou saber onde havia mais oportunidades e soube que era no grupo mexicano e, assim, resolveu se engajar na banda e na equipe de campo. Mas ela queria mais, estava morrendo de vontade de participar da liderança, de se integrar melhor. Em uma das reuniões, estavam discutindo a marca do acampamento e as sugestões não agradavam a ninguém. Nessa dificuldade minha filha enxergou a oportunidade, a porta de Deus. Sem que ninguém mandasse, ela resolveu desenhar por conta própria uma marca. Gastou seu tempo e ideias e um logo saiu. Pensando nas possibilidades que poderiam ser abertas, ela apresentou a ideia da marca. É difícil imaginar que eles aceitariam a sugestão de uma mulher brasileira que não fazia parte da equipe que geria o acampamento, mas o inusitado aconteceu. Eles acharam a ideia dela inovadora, acreditaram nela e adotaram a sua marca como oficial. Não foi só isso. Também a colocaram na equipe de mídia e divulgação do acampamento, e ela conseguiu seu lugar de destaque onde pôde conhecer ainda mais jovens e viver a bênção desejada. A porta surgiu em uma dificuldade, em uma necessidade do grupo. Onde existem necessidades, existem portas a serem abertas. Procure a sua.

Às vezes, há recompensa para aqueles que suprem necessidades. O dr. Michael Murdock fala que nós somos recompensados pela capacidade de atender às necessidades das pessoas. Grandes demandas estão ligadas a pessoas com alta capacidade de resolver problemas, que por sua vez estão associadas a altos salários e grandes recompensas.

Pedindo a Deus

Há duas coisas que precisamos pedir a Deus: olhos para enxergar portas e coragem para entrar por elas. Senhor, me dê olhos e coragem. Amém.

Precisamos que Deus nos ajude a enxergar as coisas boas e ruins nas oportunidades. A Bíblia fala que o homem prudente vê o mal e se esconde, desvia dele, mas os insensatos passam adiante e sofrem a pena. O Senhor fala da capacidade de ver o mal, e quem tem essa capacidade é chamado de prudente. A prudência pode salvar muitas vidas, muitos bens. Nem todas as oportunidades são boas. Em Provérbios também é falado que há caminhos que ao homem parecem direitos, mas que ao final são os caminhos da morte.

Eu costumo pedir a Deus que abra meus olhos, que me faça ver as boas oportunidades e as furadas. E, ainda assim, caio em furadas. Peço a Deus que use uma pessoa, um jornal, uma notícia, um alerta para que eu veja as coisas erradas e possa me desviar do mal. Às vezes, Deus usa meu marido para abrir meus olhos, outras vezes, minha filha, em outros momentos, minhas irmãs, e, em outros, até algum site da internet.

Hoje existe a facilidade de comprar de tudo em prestações. Mas, há pessoas que não agem com prudência e não veem o mal que está despontando no ato de comprar além da conta. A prudência está em ver o mal em não ter condições de pagar. O prudente vê o oficial de justiça, vê a conta corrente bloqueada, o nome no Serasa. Tive uma amiga que comprou um vestido lindo parcelado no cartão de crédito. Ficou endividada. O pior é que ela só usou o vestido uma vez porque não tinha outra ocasião para usá-lo de novo.

Certa vez, saí para comprar roupa para um evento que seria gravado para televisão. Na loja, tive a vontade de comprar um vestido lindo e muito caro pelo qual me apaixonei. Havia outras roupas igualmente lindas e adequadas para o evento, e muito mais em conta. Mas minha vontade era ter aquele. Naquele momento, minha mente só via aquele vestido, o mais maravilhoso. Então, resolvi consultar meu esposo. Ele não pensou muito, foi direto e objetivo. Indicou uma roupa linda, um conjunto com pantalona branca, só que mais barato. Não foi fácil, fiz bico, usei as armas femininas, mas não consegui convencê-lo. Eu estava triste, mas aceitei a sugestão. Havia um vestido caro e lindo, mas sem a aprovação do meu esposo e sem apoio financeiro da minha conta. Oportunidade de ter uma peça maravilhosa, mas que comprometeria meu orçamento. Fiquei com aquele conjunto branco, me sentindo triste e, ao mesmo tempo, confiante. Só que Deus faz as coisas maravilhosas.

Na hora da gravação, só eu estava de branco, o que no vídeo ficou incrível. Aquela roupa ficou perfeita. Se eu tivesse comprado o vestido caro, teria ficado muito parecida com uma garota que estava praticamente com a mesma roupa. Teríamos ficado como um par de vasos! Que bênção Deus ter usado meu esposo para me ajudar a ver a roubada em que eu ia entrar.

Outro exemplo de bênção de vida? Foi a venda do meu carro. Nós anunciamos o veículo, colocamos a oferta e apareceram algumas agências querendo expor o carro, especialmente uma do meu bairro. Fiquei animada porque esta parecia uma porta excelente. Mas havia um site do bairro no qual os moradores também podiam denunciar problemas. Naquela semana, sem nenhuma explicação, resolvi visitar aquele site. Alguém postou que a polícia tinha descoberto uma quadrilha que enganava moradores e dava golpes em quem vendia carros. O endereço citado era perto da loja de carros com a qual eu queria fazer negócio. Nesse meio-tempo, eu e meu esposo fomos à loja para fechar a venda do carro. Quando estávamos chegando, eu me lembrei do anúncio e resolvi conferir se a loja dos golpistas era perto da loja para onde eu estava me dirigindo. Para minha surpresa, a loja com que eu estava fazendo negócio era a mesma citada no site. Entrei em pânico e meu esposo não entendeu nada. Disfarçadamente, eu disse que queria ir embora e que em outra hora levaríamos o carro. Saímos de fininho, à francesa, entramos no carro e fomos embora. Só então contei para ele sobre o site e demos graças a Deus, porque Ele nos abriu os olhos e nos permitiu ver o golpe. Glória a Deus por ter nos protegido de cair naquela situação.

Portas únicas da vida...

Há uma história interessante sobre como uma mulher de Deus veio trabalhar comigo. Ela era pastora da Igreja Quadrangular, tocava piano, ensaiava um coral, tinha uma linda voz e sempre quis gravar um CD solo. Nós nos encontramos várias vezes em eventos, só que eu, no palco, e ela, na plateia. Ela queria se aproximar de mim, me conhecer e cantar no meu ministério. Mas, como chegar perto? Como se apresentar? Como ter uma oportunidade de ingressar num trabalho desses? São centenas de pessoas mais capacitadas, mais próximas. Ela sonhava com as viagens, as hospedagens, as comidas, com o *glamour*. Certo dia, uma amiga sua comentou que havia visto na internet uma notícia dizendo que Soraya Moraes estava fazendo teste de seleção para a vaga de *backing vocal*. A amiga fez um comentário simples sobre algo corriqueiro, mas, quando se está antenado nas oportunidades, esses momentos são imperdíveis.

Existem oportunidades na vida que são únicas. Talvez nunca mais acoteçam momentos como aqueles. Ela ficou alvoroçada porque viu naquela notícia algo especial da vida. Foi correndo ao computador, fez uma pesquisa e viu que era verdade, que eu estava fazendo uma seleção para *backing vocal*. Ela se apressou, enviou todas as informações necessárias para fazer parte do concurso e foi selecionada para a audição. Na hora do teste, ela fez tudo certinho, do jeito que foi pedido, mas não passou porque não houve aprovados. Na saída, ela estava conversando com meu esposo e disse que tocava teclado e que já tinha feito parte de uma banda. Naquele instante, meu esposo ficou em alerta porque ele estava orando bastante para que aparecesse uma tecladista cristã para viajar comigo.

Para ele, foi uma oportunidade única achar essa tecladista com disponibilidade para viajar e que ainda fosse cristã, humilde e esperta. Na verdade, meu esposo já estava há um bom tempo procurando, ele já tinha feito diversas entrevistas e sempre acontecia algo inesperado, um impedimento. Nesse caso, houve necessidade e suprimento para ambas as partes. Meu esposo escalou-a para a primeira viagem, para a segunda, para a terceira. Hoje, a Aimee já conhece o Brasil todo e integra nosso ministério.

Existem oportunidades que são únicas na vida.

A Bíblia fala de Bartimeu, um cego que pedia esmola no caminho de Jerusalém. Havia muitos anos que ele estava ali, sem esperança. Mas, ouvia falar de Jesus, que Jesus curava, que Jesus podia restaurar os sentidos de um homem. Naquela época, aquela era a única chance de ele voltar a ver. Não havia recursos, não havia conhecimento. Certo dia, Bartimeu ouviu um barulho muito forte, um ruído de muita gente e quis saber o que estava acontecendo. Disseram-lhe que por ali ia passar Jesus, aquele que era sua única chance de cura, a única chance de Bartimeu voltar a enxergar. Ele começou a gritar: "Jesus, filho de Davi, tenha misericórdia de mim" e a fazer escândalo, para chamar a atenção. As pessoas logo pediram que se calasse, pois ele incomodava Jesus. Então, Bartimeu fez mais escândalo ainda, fez um alvoroço como nunca tinha feito na vida. Ele reconheceu que nunca mais teria uma chance igual àquela. Nunca mais.

Acho que a atitude dele foi correta. Quando uma chance dessas aparece em nossa vida, temos que fazer igual a ele, correr atrás, chorar, gritar, fazer barraco, o que for preciso.

E Jesus viu esse sentimento, esse alvoroço, essa gritaria e esse barraco que Bartimeu armou e foi até ele: "O que queres que eu te faça?". E Bartimeu lhe contou o maior desejo de sua vida: "Que me faça enxergar de novo". E Jesus lhe respondeu: "Veja, a tua fé te salvou". E o homem voltou a ver. Ele teve apenas uma oportunidade daquela na vida e aproveitou.

Existem oportunidades que são únicas em nossas vidas e temos que aproveitá-las. Quando chega esse momento, é preciso esquecer tudo, a vergonha, o medo, as pessoas, os pudores. Temos que nos esquecer até de nós mesmos e nos entregar à oportunidade.

Peça a Deus para que você possa reconhecer esse momento e esteja preparado para ele.

Meu esposo achou que o momento dele era o dia do vestibular para a faculdade de Medicina. Ele se preparou e passou por esse dia aos 51 anos de idade. Marco abriu mão de tudo para se preparar porque aquela era uma oportunidade única. E hoje ele é médico, atua em pronto-socorro e consultório. Se tivesse demorado mais, talvez não tivesse conseguido completar o curso.

As oportunidades únicas estão em algum lugar da vida, é necessário pedir que Deus nos ilumine para que possamos enxergar o momento e aproveitar a chance que vem do céu.

Portas fechadas

Quantas portas sei que são boas, sei que são o caminho? Mas, muitas vezes, essas portas estão fechadas, até trancadas. Às vezes, pela inveja, às vezes, pela maldade. E, na maioria das vezes, pelas próprias dificuldades da vida. Meu enteado, Isaac, acabou o curso de Direito e tinha que passar por uma porta chamada exame da OAB. Essa porta estava fechada. Ele passou um ano trancado estudando para conseguir atravessar essa porta, e conseguiu a carteira de advogado.

Quero mostrar uma Palavra muito forte da Bíblia. "Eu irei adiante de você e aplainarei montes; derrubarei portas de bronze e romperei trancas de ferro. Darei a você os tesouros das trevas, riquezas armazenadas em locais secretos, para que você saiba que eu sou o Senhor, o Deus de Israel, que o convoca pelo nome." (Isaías 45:2-3)

Eu decorei essa passagem e quero te incentivar a sabê-la de cor para que, nos momentos em que encontrar uma porta fechada, você se lembre de que o Senhor passou à sua frente. Quando você pensa em ir para a guerra, Ele já está lá preparando você para a luta e para a vitória. Mostra que tudo tem solução, mesmo quando as pessoas dizem que é difícil, que não tem jeito, que ninguém consegue. O Senhor ensina que é possível trilhar o caminho. E se o caminho estiver torto, Deus o endireita. Se a subida for íngreme, Ele te empurra para cima. Se for uma ladeira, Ele te dá calma para descer tranquilamente.

O mais emocionante nessa Palavra é que Ele fala que vai quebrar as trancas de ferro. Às vezes, as portas são de ferro. Piores que porta de madeira. São feitas de material resistente parar barrar a sua entrada. Esse versículo fala que quem pode quebrar esse tipo de tranca é Deus. Ele faz a parte dEle, rompendo o ferro e despedaçando os ferrolhos. Aquilo que impede a porta de se abrir será movido por Deus, será tirado pela força de seu poder e por sua mão. Depois disso, é só entrar e viver as bênçãos que há do outro lado.

Querido e querida, Deus coloca em nossas vidas as oportunidades. Cabe a nós observá-las, identificá-las e tomar posse delas. Elas nos levam para o melhor de Deus. Se ficar na dúvida sobre a qualidade das portas, atravesse todas, tente todas as oportunidades e peça discernimento a Deus para ver o que é bom e o que é ruim. O maior problema é lamentar pelo resto da vida pelas oportunidades perdidas, pelas portas pelas quais você não passou, pelas coisas que poderia ter conquistado e pelo bem que poderia ter vivido. Enxergue cada oportunidade e aproveite cada uma. A vida é isso.

Capítulo 6

Sorrir nas mudanças

A vida é instável e as mudanças fazem parte dela

Minha vida mudou tanto, tantas vezes... No início, morávamos em uma casa bem pequenina no bairro da Saúde, em São Paulo. De lá, íamos para a igreja facilmente, havia metrô e tínhamos uma porção de amigos. Quantas noites de louvor, quantos momentos de adoração. Ali, vi muitas vezes minha mãe orando e chorando na presença do Senhor. Certo dia, meu pai chegou dizendo que tinha comprado uma casa no Jabaquara, perto do aeroporto. Foi uma notícia que me agradou e desagradou ao mesmo tempo. Eu gostava da vizinhança, da vida naquele lugar tão importante, do bairro, da proximidade com o Colégio Santa Amália. E eu tinha entendido que o novo bairro ficava longe de tudo...

Não importa, a casa da Saúde era alugada e essa nova, comprada, era do meu pai. Mudamos. O lugar era afastado, não tinha asfalto, não tinha a beleza da Saúde. Eu tinha muitos medos. O quarto era úmido, tudo era diferente, e a adaptação não foi fácil. Tudo era mais difícil. Parte da vizinhança era perigosa, havia uma favela e um dia fui assaltada. Um menino me abordou na porta de casa e pediu o meu relógio. Um simples reloginho de adolescente. Chorei muito, muito. Naquela época, meu pai trabalhava na polícia. Quando ele chegou, foi falar com o líder da comunidade e exigiu que devolvessem meu relógio. Quase não acreditei quando, no fim do dia, meu relógio apareceu. A alegria foi enorme e me invadiu, mas a sensação de medo e de falta de segurança também.

Meu pai foi construindo o que faltava na casa aos poucos. Certo dia, ele foi instalar o portão e o deixou escorado. Eu fui mexer ali e o portão caiu em cima de mim. Pensei que algo grave tivesse acontecido, pois minha mandíbula travou e eu não conseguia mexer a boca. Minha mãe clamou a Deus pela minha vida e eu entreguei ao Senhor aquela situação. Então, gradativamente consegui mexer a boca, fui melhorando e aquilo foi só um susto.

Aquela residência tão terrível no início foi mudando e se desenvolvendo. Lá eu ganhei um piano do meu pai e comecei a estudar música. Que oportunidade tive de estudar no conservatório! E como eu gostava de louvar a Deus! Naquele tempo, eu passava horas e horas em apenas uma partitura, e chorei sobre as teclas ao receber de Deus a primeira canção que compus para Ele. Que momentos inesquecíveis... Então, entendi que, mesmo com grandes dificuldades, aquele lugar me trouxe muitas das alegrias que levo comigo.

A vida de todos é cheia de mudanças e cada lugar, cada fase, tem suas alegrias e tristezas. Às vezes, temos dificuldade de encarar as situações por achar que tudo está pior, mas Deus reserva surpresas para nós, portas para as novas fases da vida, com alegrias preparadas para nos marcar eternamente. Então, é preciso pedir a Deus compreensão e entendimento para ver as coisas boas e aproveitá-las, e força para entender os momentos difíceis e ter disposição para superá-los. A escolha é nossa: chorar ou aproveitar cada oportunidade de ser feliz que Deus nos proporciona.

Hora de mudar

Foi meu pai que decidiu mudar de endereço. Ele simplesmente nos comunicou a decisão. Eu era uma criança.

E havia uma sensação de segurança, de confiança, certeza de que meus pais estavam fazendo a coisa certa. Por mais difícil que fosse a mudança, por pior que fosse o novo bairro, eu sabia que era uma casa comprada, algo necessário para melhorar a condição da família.

Então, a vida me apresentou situações em que eu tive de ser a responsável pela decisão da mudança. Talvez essa seja uma das minhas maiores dificuldades: mudar. Sempre fui muito avessa à mudanças. Hoje sou mais madura e consigo lidar melhor com isso.

Estávamos em um momento muito agradável, minha filha tinha crescido e morávamos no apartamento dos sonhos. A vida estava linda, tanta coisa boa, o ministério ia de vento em popa, quando recebi um convite para fazer conferências nos Estado Unidos. Aquela viagem seria especial porque eu teria a companhia da minha filha. Fomos fazer um trabalho especial em Dallas. Que delícia!

O ponto alto da viagem foi a visita ao Christ For The Nations Institute (CFNI), uma escola que preparava jovens para o ministério, para a vida, especialmente filhos de pastores. Que lugar lindo, era maravilhoso. Isso sem contar a visão da escola, que primava por princípios cristãos. Minha filha se apaixonou, era um sonho.

Ela chorou ao conhecer a escola e eu também. Aquele lugar nos fez sonhar, até que... minha filha disse que queria estudar fora do Brasil, naquela escola. No primeiro momento, foi maravilhoso imaginar a possibilidade da minha filha estudar nos Estados Unidos, de fazer intercâmbio. Uma oportunidade que eu nunca tive. Providenciamos tudo. Então, a ficha caiu.

Eu não estava preparada para uma fase longe da minha filha. Eu não conseguia ver meu lar, minha vida, meu dia a dia sem ela, e, de repente, me dei conta disso. A alegria se transformou em crises de choro, em momentos de pânico. Minha filha sozinha em um país estranho, com gente estranha. E eu sozinha, sem ela... Como seria ver o seu quarto vazio?

Na hora da decisão final, o mundo caiu na minha cabeça. Deixei de pensar, de raciocinar. O sonho virou um pesadelo em pouquíssimo tempo. E eu tinha que escolher. Ou a liberava para estudar fora enquanto eu viveria o pesadelo de sua ausência, ou eu deixava tudo como estava e privaria minha filha de viver essa experiência maravilhosa.

Então, fui buscar o meu Deus e chorei muito por antecipação. Busquei a Palavra em que Ele diz que "Todas as coisas concorrem juntamente para o bem daqueles que amam a Deus", e isso me incluía. Consultei meu marido. O momento exigia uma decisão que favorecia o que eu não queria. A situação me empurrava para uma situação que eu sabia que ia me causar sofrimento. Mas, escolhi sorrir, mesmo tendo todos os motivos para dar asas à dor.

O segredo da decisão e do amparo foi pedir e entregar ao Pai, que tudo sabe, que tudo ouve e que em tudo me compreende. Para Ele seja a glória e o louvor pela minha vida e pelos meus caminhos, porque Ele é sábio, me compreende e me guia.

Por mais que doesse aceitar que minha filha fosse estudar nos Estados Unidos, e que cada dia em que ela esteve fora foi um dia de dor, de sofrimento, em toda a oportunidade que tive de encontrá-la, foi uma alegria sem fim, de ternura, de louvor a Deus. O tempo passou e ela voltou dos Estados Unidos com muitas experiências, boas e más, que a fizeram crescer, se aproximar de Deus, de mim e da família.

Quando entreguei o caso para Deus, a sensação que tive foi a mesma de quando mudamos de casa. Era um sentimento de que uma fase difícil estava se aproximando, com problemas maiores, mas o meu pai estava no controle. Eu passaraia a morar em uma casa comprada e não mais alugada; não era tão bonita, mas era nossa. Assim acontece com cada mudança, quando resolvemos sorrir e seguir o caminho que Deus tem para nós. Sabemos que Ele está no controle e que tem o melhor para nós.

Medo de mudanças

Quando eu estava no ensino médio, muito se falava daquela matéria dificílima, Física, cujo personagem central era Isaac Newton. Depois de conhecer um pouco mais sobre ele, comecei a gostar um pouquinho mais da disciplina. Descobri que ele era um observador, que aprendia vendo as coisas acontecer e que criou algumas leis a partir disso. Então, percebi que uma de suas leis tinha tudo a ver comigo. A Lei da Inércia. Newton disse que tudo que está em movimento tende a ficar em movimento e tudo que está parado tende a ficar parado. Essa sou eu. Não quero mudar nada, não quero parar nada. A minha tendência é sempre deixar tudo do mesmo jeito. Gosto do meu lugar à mesa, da minha vaga de garagem, dos meus óculos, do jeito que arrumo minha casa. Quando alguém muda algo de lugar, uma guerra se instala!

Descobri que dentro de mim existe uma parte que odeia e não suporta mudanças. Por que mudar, afinal?

Mas Deus fez a vida cheia de mudanças, por isso sou apaixonada por esta passagem: "Para tudo há uma ocasião, e um tempo para cada propósito debaixo do céu: tempo de nascer e tempo de morrer, tempo de plantar e tempo de arrancar o que se plantou, tempo de matar e tempo de curar; tempo de derrubar e tempo de construir, tempo de chorar e tempo de rir, tempo de prantear e tempo de dançar, tempo de espalhar pedras e tempo de ajuntá-las, tempo de abraçar e tempo de se conter, tempo de procurar e tempo de desistir, tempo de guardar e tempo de lançar fora, tempo de rasgar e tempo de costurar, tempo de calar e tempo de falar, tempo de amar e tempo de odiar; tempo de lutar e tempo de viver em paz" (Eclesiastes 3:1-8).

Creio que Deus criou as mudanças para mostrar ao mundo que só ele é eterno e não muda. Ele colocou no nosso coração uma limitação de controle das situações. E as mudanças sempre nos levam ao descontrole das situações e das circunstâncias. Nós sempre perdemos o controle diante do novo.

Quando viajamos para os Estados Unidos pela primeira vez, em 2001, estávamos com toda a documentação correta, tudo sob controle. Era certeza conseguir o visto. Tínhamos declaração de imposto de renda, empresa constituída, casa própria, tudo certinho. No dia de tirar o visto as Torres Gêmeas foram atacadas em Nova York e o consulado fechou. Um acontecimento do outro lado do mundo mudou tudo. As regras do consulado mudaram e os jornais só falavam da dificuldade em conseguir visto para os Estados Unidos. O medo tomou conta. E agora? O que fazer? Resolvemos sorrir e enfrentar o contratempo. Para piorar, nossa entrevista foi remarcada para o primeiro dia de reabertura do consulado, tudo era incerteza.

Resolvemos que o sorriso e a serenidade seriam nossas marcas. E realmente Deus tinha um propósito. Chegamos com medo, muitos que tinham chegado à nossa frente tiveram os vistos negados. Arrepios e pavor tomaram conta. Mas resolvemos escolher a alegria de enfrentar a dificuldade e, depois de uma entrevista conduzida por Deus, conseguimos o visto com validade de dez anos. Deus estava no controle.

Direção no meio da tempestade

Fico imaginando os discípulos no meio do mar da Galileia. De repente, as ondas começam a ficar fortes, o barco começa a balançar, Pedro e João, dois pescadores experientes, perdem o controle da embarcação. A Bíblia afirma que o pavor tomou conta dos discípulos, o medo de morrer, do que aquela tempestade poderia causar a eles, a seus sonhos e até mesmo ao seu Mestre que estava ali com eles, dormindo. No coração havia uma sombra, uma vontade de gritar, um desejo de fazer alguma coisa e não poder. Afinal, o que é um homem em um barco no meio de uma tempestade? Nada. Não havia esperança, não havia motor, não havia tecnologia.

Nesse turbilhão de emoções, eles decidem chamar Jesus, que estava dormindo no barco. "Pois é, vamos acordá-lo. Ele vai se preocupar também e vai nos dar a ideia do que fazer." Eles acordam o Mestre e ele calmamente se levanta – e imagino que até com um ar de alegria, de confiança, com o ar de quem escolheu sorrir. Ele olha para o vento e diz: "Acalma-te". E o vento cessa.

Jesus sabia o que ia acontecer, sabia que o vento se acalmaria. Creio que existia uma alegria em fazer aquilo, em ver a face de cada discípulo. O Mestre foi direto ao problema, sem a mínima enrolação. "Homens de pouca fé." Ele estava ensinando como passar por uma tempestade e manter o sorriso no rosto e até mesmo a alegria diante do mar revolto. Com fé, Jesus esperava que aqueles homens falassem com o vento, com a tempestade, com o mar. Esperava que dessem ordens e sorrissem porque o mar os obedeceria. Que fé é essa?

Quando cremos no nome de Jesus podemos falar com o mar, com o vento, com as situações. Parece loucura, mas foi o que Deus me ensinou nos dias de tormenta. Que no meio da pior tempestade, devo falar com o mar, com o vento. Tenho aprendido a falar com a dívida, e a sorrir diante dela. Porque desde que assumimos que seríamos dizimistas, nunca mais faltou dinheiro para pagar as contas. Sempre houve sustento e provisão. Isso é fé, é enfrentar as tempestades. Escolhi crer e sorrir, porque com fé consigo sorrir sempre.

As tempestades das doenças e dos problemas familiares sempre foram resolvidas com fé. Quando creio que Deus tem o melhor para mim e para minha família, consigo enfrentar cada dia, cada doença. Consigo ordenar que a doença saia da minha família porque a fé me dá essa força. Mesmo nas perdas, a fé me dá forças para sorrir e saber que o suprimento virá, que é possível vencer a tempestade e ter uma vitória em meio a tantas dores. Escolher a fé é escolher sorrir, é escolher a paz de saber que você fez a coisa certa, é a força de ter Deus ao seu lado.

Direção na bonança

A bonança é Deus no controle, abrindo os caminhos e nos direcionando para as melhores escolhas. São as fases em que tudo está dando certo, quando somos premiados, reconhecidos, quando começamos a ganhar, quando sobra dinheiro, sobra amigos. Talvez essas sejam as horas mais difíceis para estar perto de Deus, quando fazemos as maiores burradas, quando tudo vale, tudo pode e tudo parece que será bom para sempre. Às vezes, escolher sorrir e fazer a coisa certa parece mais penoso.

Em uma de suas pregações, o pastor Myles Munroe, das Bahamas, disse que uma das piores coisas que pode acontecer na vida de uma pessoa é receber um prêmio. Antes dele, a pessoa se esforça, corre atrás, busca. Mas, depois do prêmio, começa a se achar merecedora e considera que todos lhe devem tributo e respeito. É preciso tomar decisões certas, baseadas na humildade e na assertividade. E tendo sempre ciência de que a vida vai mudar, que nada fica para sempre e que somente Deus não muda...

Só conseguimos sorrir quando tomamos decisões baseadas na fé. A melhor forma de ter fé é buscar a Deus na Sua palavra, procurar na Bíblia orientação para cada situação. Gosto muito dos Provérbios, pois falam da sabedoria de tomar decisões corretas e de poder sorrir por isso. Escolher sorrir não significa abrir um sorriso imediato, mas, sim a alegria da alma, a alegria que nunca vai faltar.

Uma das coisas mais complicadas são as decisões sobre como gastar dinheiro. Já vi pessoas que desperdiçaram muito, gastaram tudo em pouco tempo de forma indiscriminada. Sempre pensei que comigo isso nunca aconteceria. Em uma das vezes em que estivemos nos Estados Unidos, meu esposo determinou uma quantia para os gastos, pois havia compromissos a honrar na volta. Não estávamos apertados, mas não havia dinheiro sobrando também, e tínhamos feito uma reserva para a viagem.

Chegando lá, minha cota acabou muito rapidamente. E eu pensei que nunca ia fazer compras no cartão de crédito. Mas, acabei não resistindo a tantas ofertas especiais de itens inexistentes no Brasil, com preços muitos baixos e me perdi nos gastos. Estourei o limite do cartão e decidi usar o de outro banco que eu havia levado para gastar apenas em casos de absoluta necessidade, somente para emergências. Resultado: gastamos até os últimos centavos.

Quando voltamos ao Brasil, passamos os seis meses seguintes em situação de aperto, poupando aqui e guardando ali. Todo o dinheiro que entrava era para saldar as dívidas dos cartões que utilizamos para comprar um monte de quinquilharias que não usamos quase nunca. Escolhi sorrir na hora da compra, mas tive que chorar na hora de pagar as faturas. Era melhor ter sorrido aqui no Brasil... Mas Deus tem atuado no meu coração e me ensinado a ter controle, a ir para os Estados Unidos e voltar com dinheiro no bolso e um sorriso no rosto. Aprender a tomar decisões na bonança é tão difícil quanto na tormenta. Então, é preciso ter fé no Deus que cuida e tem o melhor para nós. Nada nos faltará porque Ele é o pastor em cada fase, em cada mudança.

Crer faz diferença

A Bíblia fala que a vida de José foi cheia de mudanças. Primeiro, em casa com os pais e os irmãos. Depois, quando ficou um período na mão de mercadores de escravos. Então, foi servo de um homem importante chamado Potifar e foi para a cadeia. Finalmente, foi viver no palácio do faraó. Tantas mudanças, tantas fases na vida, quanta adaptação... Mas o que marcou a vida de José foi a fé.

Mesmo quando estava preso por um motivo injusto, ele não deixou de acreditar e tomou decisões baseadas em sua fé... Quando não viu saída e estava trabalhando como escravo, José podia ter se tornado uma pessoa problemática, mas escolheu sorrir e fazer as tarefas com alegria, com perfeição. A esposa do seu senhor reconheceu seu trabalho e afinco, mas o homem confundiu as coisas... José foi preso novamente, porém, ainda assim, não deixou a fé esmorecer, sempre acreditou que algo de bom ia acontecer. Ele escolheu sorrir com Deus pela fé.

Sorrir é uma decisão, e a melhor forma de fazer isso é por meio da fé em Deus e na Sua palavra. Mesmo que a decisão seja dolorosa, temos que ter a certeza, a fé de que Deus tem o melhor para nós e que a alegria virá. Em cada decisão, escolha sorrir, escolha Deus, escolha a fé. Porque Deus é fiel.

Capítulo 7

O que me inspira

O que me inspira, me move para conquistar os meus sonhos

Eu tenho um sonho...

Martin Luther King

Todavia, lembro-me também do que
pode dar-me esperança.

Lamentações 3:21

Um dia, sonhei que estava na África com muitas crianças ao meu redor e nós ríamos muito e cantávamos. Foi tão real... eu sentia o calor, o cheiro, sentia o toque das crianças. Então, acordei com meus 16 anos morando num bairro simples de São Paulo. Sim, aquele mesmo que quando me mudei não tinha asfalto nem luz elétrica na rua. Sentei na minha cama velha que meu pai tinha comprado de segunda mão e pensei: *que sonho impossível, mas, um dia, vou realizá-lo*. Não vivi em função deste sonho específico, mas ele serviu de inspiração para que eu persistisse em meus objetivos, que, quinze anos mais tarde, me levaram para uma viagem a Luanda, capital da Angola, um país do continente africano.

Sempre amei música, estudei piano com bolsa de estudos em São Paulo, mas não confiava que um dia essa paixão poderia me sustentar financeiramente e me ajudar a realizar todos os meus sonhos. É incrível saber que, hoje, tudo o que tenho Deus me deu por meio desse dom de cantar e compor. Na verdade, direcionei minha vida para isso. Se tem uma motivação, invista nela. A minha foi me especializar, estudar e investir no meu sonho. Se você não acredita no seu sonho a ponto de investir nele, então seu desejo não é verdadeiro nem suficientemente forte.

Em 2004, recebi um convite para ir à África pela primeira vez. Visitei um bairro de Luanda sem asfalto, sem energia elétrica e muito populoso. Estive com mais de 200 crianças num projeto de música. Enquanto ensaiava com eles, a alegria, os sorrisos, o carinho e, meu Deus, aquelas vozes tão lindas me fizeram sorrir!

Você tem sonhos? Qual é a sua inspiração para levantar todas as manhãs e decidir sorrir? É ela que move você na direção dos seus sonhos. Você pode escolher pensar nos momentos tristes da vida, mas, hoje, quero que escolha um caminho diferente. Pense naquilo que inspira você, nos momentos que trazem esperança!

Quando era adolescente, meu pai morava num sítio no interior de São Paulo. Ele via os aviões lá no alto e desejava voar num deles, mas não tinha condições na época. Quando chegou aos 18 anos, ele serviu o exército em Curitiba, no Paraná, e passou a ganhar um pequeno salário. Fazia muito frio em meados dos anos 1960 e a saudade de casa era grande. Ele queria muito visitar os pais e tinha uma folga. Então, meu pai enxergou a oportunidade de voar. Gastou todo o seu salário numa passagem de avião para fazer essa visita. Quando voltou à cidade natal, teve a oportunidade de fazer um curso para radiotelegrafista, mesmo com apenas o primário completo, e pôde trabalhar no ramo de aviação e realizar o sonho de conhecer São Paulo.

Meu pai chegou em São Paulo sem ter onde morar. Então, foi trabalhar em obras públicas e passou a ocupar os barracos onde se guardava material de construção. As chuvas atrapalhavam o trabalho e a vida era muito difícil. O saco de cimento era o colchão dele e a esperança de realizar um sonho era o que o motivava. Ele passou fome, alimentava-se apenas de pão e leite porque o pouco dinheiro que ganhava ainda era dividido para ser enviado ao interior, para ajudar os pais na criação dos irmãos mais novos. O inverno de 1964 foi especialmente rigoroso e a tentação de se afogar no álcool nas longas noites de solidão e frio foi grande.

Um dia, ele aceitou um convite para assistir a um culto. Meu pai entrou na igreja O Brasil Para Cristo, na Saúde, e naquela noite ele teve a impressão de que o pastor que estava pregando sabia de toda a sua história. Quando o convite para receber Jesus Cristo na sua vida foi feito, ele abriu os olhos e se viu diante do altar. As lágrimas que rolaram do seu rosto já não eram de desespero e solidão, mas, sim, de alívio e esperança. Então, ele confessou que Jesus Cristo era o seu Senhor e salvador. Algo a mais aqueceu seu coração: a fé que nos move a vencer o impossível.

Essa fé está em você. Entregue-se a ela e algo a mais vai aquecer seu coração. Como a fé que meu pai tinha em formar uma família e ter um emprego numa empresa de aviação. É preciso ter um projeto de vida, por mais simples que ele seja. Um sonho que faça você se levantar todos os dias para batalhar por ele. Você deve se preparar para esse projeto.

Meu esposo tinha o desejo de comprar um barco para pescar. Fizemos as contas e economizamos, mas algo sempre acontecia e tínhamos que adiar a compra. Um dia, ele, que tem muita fé em Deus, sentiu o Espírito Santo alertá-lo: *Marco, como vai comprar o barco se ainda não tem a licença para pilotá-lo?* Então, ele se levantou bem cedo e depressa foi se preparar para o seu projeto. Fez o curso na Marinha e obteve ótimas notas e, quando estava com a licença em mãos, viu um anúncio de financiamento que cabia em nosso orçamento. Finalmente compramos o barco e o equipamento de pesca, e foram anos de muita alegria para a nossa família. Nos dias de folga, íamos para a represa pescar e nos divertir. Escolha se levantar hoje e começar a se preparar para viver o seu sonho!

As palavras que me inspiram me movem

> Para a árvore pelo menos há esperança: se é cortada, torna a brotar, e os seus renovos vingam.
>
> Jó 14:7

Gosto de pensar nas fases da vida como se fossem estações. Muitas vezes, parece que estamos no inverno. O frio e os ventos sopram fortes contra nós e, como folhas secas, os sonhos vão embora, a motivação desaparece. Parece até que a vida vai sendo despedaçada e tudo vai desmoronar. São os ventos das grandes provações. Eles vêm em forma de enfermidades, lutos, perdas e desencantos. Mesmo que você esteja na estação das folhas que caem, prepare-se, porque o momento de renovação da vida vai chegar. Ainda há esperança.

Existe um ditado que diz que a esperança é a última que morre, mas quero motivar você a depositar suas expectativas em algo mais real, eterno e verdadeiro. Se a nossa esperança está em governos, eles mudam, falham e se corrompem. Se está no dinheiro, ele acaba, perde o valor, corrompe as pessoas. Essas coisas são falhas, podem nos abandonar e magoar. Convido você a depositar a sua esperança em Deus. Ele é eterno e não será o primeiro nem o último a morrer, como diz o ditado popular. Ele é o alfa e o ômega, o início e o fim de tudo. A fé vai te renovar para a vitória. "Reduziu a tempestade a uma brisa e serenou as ondas." (Salmos 107:29)

Se o inverno da vida secou suas energias e paralisou você, se houve perdas e choro, prepare-se, pois o melhor está por vir. Depois do inverno vem a primavera! O renovo vai chegar e tudo voltará a ser colorido e perfumado.

"Porque, assim como a terra faz brotar a planta e o jardim faz germinar a semente, assim o Soberano Senhor fará nascer a justiça e o louvor diante de todas as nações." (Isaías 61:11)

Nunca é tarde para sonhar e realizar

Existe uma história no Novo Testamento sobre uma mulher chamada Ana. Ela sonhava em viver para conhecer o Messias. Quando Jesus nasceu, os dias eram muito difíceis, tais como os de hoje, em que a crueldade imperava. Os governantes eram corruptos e maus, a ponto de o Rei dos Judeus, Herodes, o Grande, mandar matar todos os meninos menores de 2 anos porque ele havia tido notícias de que o verdadeiro Rei dos Judeus havia nascido. Muitos sonhavam em conhecer esse rei, enviado por Deus, que seria justo. Entre essas pessoas estava Ana, uma viúva idosa que vivia no templo servindo aos outros e a Deus. Uma mulher fiel, a primeira a chegar e a última a sair. Mas sua idade estava avançada e, aos olhos humanos, talvez ela nunca mais fosse viver nada de extraordinário. Um dia, entra no templo uma mãe e um pai com um menino de 40 dias de vida nos braços para consagrá-lo a Deus. Seria ele... ela viu o Messias. Esta é a passagem em que Maria e José levam Jesus ao templo para o sacerdote Simeão abençoá-lo. Ela foi fiel e viu o Messias antes de morrer. E conta a Bíblia que ela falava de Jesus a todos.

"Estava ali a profetisa Ana, filha de Fanuel, da tribo de Aser. Era muito idosa; havia vivido com seu marido sete anos depois de se casar e então permanecera viúva até a idade de oitenta e quatro anos. Nunca deixava o templo: adorava a Deus jejuando e orando dia e noite." (Lucas 2:36-37)

Tentaram me matar, mas esqueceram que sou semente

> Suas raízes poderão envelhecer no solo e seu tronco morrer no chão; ainda assim, com o cheiro de água ela brotará e dará ramos como se fosse muda plantada.
>
> Jó 14:8-9

A esperança é o que move a vida. Não importa se você é uma como uma semente pequena, pois elas geram uma grande árvore. Jesus Cristo dizia: "Logo que o grão fica maduro, o homem lhe passa a foice, porque chegou a colheita. Novamente ele disse: 'Com que compararemos o Reino de Deus? Que parábola usaremos para descrevê-lo? É como um grão de mostarda, que, quando plantada, é a menor semente de todas. No entanto, plantada, ela cresce e se torna a maior de todas as hortaliças, com ramos tão grandes que as aves do céu podem abrigar-se à sua sombra'" (Marcos 4:29-32).

Aquilo que parecia estar morto, sem esperança, ao cheiro das águas brotará e dará ramos. Como a planta, as adversidades da vida vêm, mas passam. Gosto de pensar que são como uma virose, que tem um começo desagradável e um fim determinado. Como sementes, diante das dificuldades, germinamos e crescemos. Primeiro, ninguém vê quando a semente esté germinando na terra e absorvendo seus nutrientes, pois não é possível ver o que está acontecendo debaixo da terra. Assim é a nossa vida.

Muitaz vezes, ninguém enxerga nosso crescimento, somente o Criador. Somos como essa planta, cujas raízes se desenvolvem sem que se possa ver, assim como ninguém vê nosso sofrimento e lágrimas. Mas você está crescendo, e essa esperança é a força que o levará a realizar seus sonhos. Como semente, às vezes crescemos para baixo para depois aparecer. Não tenha medo de crescer lá onde ninguém vê. Você está crescendo, se fortalecendo e criando raízes profundas.

Num belo dia, as folhinhas tímidas surgem na superfície e logo serão você e seus frutos. Seu sofrimento vai servir de consolo ao próximo, seus frutos alimentarão alguém. Não tenha medo de crescer para baixo, ao cheiro das águas. Quem acha que você não vai realizar nada, que seus sonhos morreram, mal sabe que você vai dar frutos, que há raízes profundas dentro de você, crescendo sem que ninguém as veja.

O que te motiva, te move para as conquistas. Não desista. Não importa qual é a sua idade, o que importa é a esperança. E onde ela está agora?

O meu esposo é um exemplo de motivação e esperança. Aos 50 anos, ele foi atrás do seu sonho de juventude que era ser médico. Ele não teve medo do vestibular, de voltar a estudar com alunos mais jovens. Sabia que os desafios seriam apenas um momento passageiro para chegar ao sonho. Se o seu sonho é voltar a estudar, então levante dessa cama, dessa cadeira e corra atrás.

"Um ramo surgirá do tronco de Jessé, e das suas raízes brotará um renovo. O Espírito do Senhor repousará sobre ele, o Espírito que dá sabedoria e entendimento, o Espírito que traz conselho e poder, o Espírito que dá conhecimento e temor do Senhor." (Isaías 11:1-2)

É preciso agir

Mudança de estação. Perdas e danos; frio e calor; escuridão e brilho fazem parte das múltiplas faces da vida que se renova, se refaz e triunfa vitoriosa, ainda que, de tempos em tempos, conheça a dor, as derrotas e o sofrimento. São as estações da vida, momentos necessários da existência.

Durante as provações, crescemos para baixo... fincamos raízes. Ninguém vê. Mas, Deus, sim.

O preço que você pagou ninguém viu. Mas, Deus viu.

Quando a raiz é forte, ao cheiro das águas a vida volta outra vez. Aquilo que aparentava ter acabado vai florir de novo!

Vai fazer de nós uma nova criatura.

"Portanto, se alguém está em Cristo, é nova criação. As coisas antigas já passaram; eis que surgiram coisas novas." (2 Coríntios 5:17)

A cada dia, um novo amanhecer, uma nova etapa na vida, se inicia. Existe sempre um recomeço. Não tenha medo dele, tome uma atitude e, se for preciso, comece de novo.

Novas estações... em cada fase, há algo bom e ruim.

Use a fé. Use a esperança. A esperança muitas vezes é discreta como um botão de rosas fechado. Mas, ao desabrochar, torna-se uma explosão de cores e perfumes que contagia a todos.

"Tens sido refúgio para os pobres, refúgio para o necessitado em sua aflição, abrigo contra a tempestade e sombra contra o calor quando o sopro dos cruéis é como tempestade contra um muro." (Isaías 25:4)

Ser mais que vencedora não é vencer a luta apenas uma vez. É ter uma vida vencedora!

Não é casar! É ser casada e feliz!

Não é ganhar dinheiro! É ter dinheiro e não se corromper!

Não é viver sem problemas. É enfrentar os problemas e ser feliz.

Capítulo 8

O poder de ser o que quero

De chorona descabelada a sorridente linda

Era final de 2008, minha vida estava maravilhosa, era tudo que eu havia sonhado; o auge da minha existência. Alguns meses antes, eu soubera que havia sido indicada para o Grammy Latino em 3 categorias. Dentre todos os artistas brasileiros, são eleitos os 5 melhores em cada categoria e na noite da premiação é revelado o nome vencedor. Eu tinha sido indicada nas categorias de melhor álbum de música cristã em português, melhor álbum de música cristã em espanhol e melhor canção brasileira. Meu Deus, que momento de sonho...

A festa de premiação seria em Houston, no Texas. A viagem foi incrível – se bem que a chegada a Houston foi um pouco assustadora, porque na hora do pouso, uma daquelas tempestades que acontecem naquela região dos Estados Unidos estava castigando os ares. Chegamos num dia e no outro dia já seria a cerimônia de premiação. Na verdade, não importava se eu ganharia ou não os gramofones, o importante era que eu estava ali. Meu Deus, quantos artistas mundialmente famosos nunca foram indicados ao Grammy... Aquele era um privilégio que o Senhor estava me proporcionando.

Pela programação, a festa de premiação estava marcada para começar às 14 horas, e nossa categoria seria a primeira a ser apresentada, ou seja, no máximo às 14h05. Era muito cedo, mas americano é americano, são exigentes em relação à pontualidade. Eu precisava chegar lá pelo menos às 13h50. Então, foi uma manhã inteira arrumando cabelo, vestido, sapato, retoque, cuidado para comer e não manchar maquiagem, tom sobre tom, detalhes e picuinhas... tudo perfeito.

Uma das principais vitrines para o artista é o tapete verde – no Oscar o tapete é vermelho, no Grammy, é verde –, onde ficam mais de 200 fotógrafos e cinegrafistas do mundo inteiro. Dali, saem as fotos para as principais revistas. Era preciso estar impecável para aquele momento.

Era hora do almoço já, e, como os americanos adoram fazer atividades cedo, não deu tempo nem de almoçar. Chegou a hora de sair do hotel e partir para o Toyota

Center, com direito a todo *glamour* do mundo. Havia uma limusine branca me esperando – acredita, gente?! Linda, enorme, um exagero, mas era o Grammy, não é?! Cuidado com o vestido, cuidado com a maquiagem, cuidado com tudo ao entrar no veículo luxuoso. A limusine era linda por dentro também. Tudo em couro, com geladeira, champanhe, que não provei, apenas olhei, porque maquiada não pude provar nada. Havia instruções sobre o caminho a seguir, mas o nosso motorista não se atentou a isso; preferiu fazer o próprio caminho e caímos em um congestionamento gigante...

Faltando meia hora para o evento estávamos a cerca de 700 metros do Toyota Center. Às 13h40, ainda estávamos a 500 metros do destino final. E ainda teria que passar pelo tapete verde com fotógrafos do mundo inteiro. Senti vontade de chorar, mas me controlei. Quando faltavam apenas 10 minutos para às 14 horas, a limusine estava a 300 metros do teatro, continuávamos presos no trânsito enquanto nossa categoria seria a primeira a ser apresentada. Não houve jeito, comecei a chorar.

Então, meu marido abriu a porta da limusine, pegou a minha mão e me puxou. Acreditem, fizemos aquele percurso a pé! Eu chorava, o cabelo ficou todo bagunçado e o *glamour* veio abaixo. Pior era que não achávamos a porta certa de entrada dos artistas... desespero total. Corrida, suor e lágrimas. Quando, finalmente, conseguimos entregar nossas credenciais e passar pela porta correta nos deparamos com o tapete verde. Mas como enfrentá-lo descabelada e com cara de choro?!

Aquela foi a hora da decisão. Chorar ou reverter a situação? Então, escolhi sorrir.

Encontrei uma salinha com espelho, ajeitei a maquiagem e coloquei um colírio. Nunca esqueço que fui buscar a força interna que toda mulher tem. Respirei, joguei o cabelo para frente, me abaixei e, quando levantei novamente e joguei o cabelo para trás, coloquei no rosto um sorriso de vencedora.

Eu escolhi sorrir!

Meu marido se assustou: "Você está linda e sorridente", ele disse, "mas há um segundo você estava do pior jeito...". Ele ficou de queixo caído.

Descobri que existem forças dentro de uma mulher que podem nos mover para o melhor de nós. Mas é preciso escolher ser forte, vencedora. Vencer a preguiça, as forças que nos seguram na mediocridade e se empenhar em ser a mulher vencedora que Deus criou.

Enfim, ressuscitei porque decidi ressuscitar. Linda, sorridente e vencedora, segui para o tapete verde. Gente, que sonho! Milhares de fotógrafos, flashes, entrevistas... Um dia de vitória para nunca mais esquecer, para guardar no coração. Mas tudo estaria perdido se eu tivesse resolvido me entregar ao choro e ao problema do trânsito.

Escolher sorrir, muitas vezes, é o ponto decisivo para conseguir a vitória que esperamos. Naquele dia, ganhei os 3 prêmios. Fui a artista que recebeu o maior número de Grammys naquela edição.

Estado de comiseração

Conheci uma mulher muito especial, uma grande profissional na área industrial que trabalhava muito. Ela era líder de projetos e só participava de empreitadas de grande sucesso. Sou grande admiradora dela.

Cada vez que eu a encontrava, ela me contava que estava trabalhando havia 4 dias sem dormir, extremamente cansada, praticamente exausta, e que suas condições de trabalho estavam demasiadamente ruins; e que virado 3 madrugadas em claro, tinha ido atrás de matérias e documentos em lugares e situações extremas, dizia que estava muito, muito, muito difícil...

No começo de nossa amizade, eu ficava com muito dó. Depois, cheguei à conclusão de que aquilo era a glória da vida dela, era a motivação que minha amiga tinha. O triunfo dela era contar que estava sofrendo muito muito para executar as suas tarefas. E ela nunca largava aquele emprego, pelo contrário, cada vez trabalhava com mais paixão, mais sofrimento e mais dificuldade. A graça da vida dela era contar que "estava difícil".

A autocomiseração é um estado de espírito em que tudo sempre está ruim, sempre difícil. Nele, o ambiente está sempre desfavorável, o dia é sempre de chuva, nunca de sol, nunca há música, nunca há um sorriso. A autocomiseração não deixa a alegria chegar a nossas vidas e chega a deixar a pessoa brava com alguém que esteja feliz ao seu lado... Não se admite a felicidade, o sucesso, a alegria, o prazer. Chega a existir um certo prazer nas situações ruins.

Creio que o Senhor não nos criou para o sofrimento porque ele mesmo gerou frutos do Espírito Santo, como a alegria e o gozo. Creio que Deus é alegre, que Ele sorri. O Livro dos Salmos (35:27) diz que Deus se alegra com a prosperidade dos seus servos. Então, a alegria deve ser expressa e vivida. É tão difícil ficar ao lado de uma pessoa mal-humorada...

Meu esposo conta de uma médica que sempre respondia aos cumprimentos de bom-dia dizendo que não havia "nada de bom naquele dia". Se via alguém sorrindo de manhã, ela ficava brava e perguntava por que a pessoa estava mostrando os dentes. Ela não gostava de pessoas que estavam de bem com a vida. Muitas vezes, sorrir é uma decisão, é escolher ver as coisas boas. Há coisas ruins? Sim. Mas há coisas boas também. O que muda é o valor que damos a cada uma delas... Eu já vi pessoas que acham um dia de sol maravilhoso e outras que o amaldiçoam. O que muda é a atitude.

Quando escolho sorrir, escolho ver as coisas boas, escolho ver o que me faz feliz e ignorar o que me deprime, deixar de lado o que me faz mal, seguir para aquilo que me motiva, a vida começa a valer a pena. Eu começo a sentir a alegria de viver, e o mundo e as pessoas ao meu redor se tornam melhores apenas porque decidi sorrir – veja só!

Decidi ser feliz

Certo dia, minha filha ficou com vontade de ter um cachorrinho. Ela pedia um dia e noite, fez campanha, greve, bico e nos convenceu. Foram meses de procura pelo bichinho ideal. Olhamos tudo e decidimos que queríamos uma cachorra pequena, de pelo curto e que não fosse agressiva. Depois de muito pensar, muito pesquisar, fomos a um canil e encontramos uma pequena bolinha de pelos, linda e apaixonante. Não resistimos e lhe demos o nome de Belle. Ela se tornou parte da família, parte da nossa rotina.

Só que essa maravilha trouxe alguns problemas para a nossa casa. Ela soltava pelo em demasia, fazia as necessidades no jornal, mas, se ele não fosse trocado diariamente, o apartamento ficava com um cheiro insuportável. Sem contar que a ração era cara. E se saíamos, ela entrava em depressão. Quando vi esse monte de problemas, comecei a me entristecer, a ficar zangada com aquela criatura, comecei a me irritar. Eu estava a ponto de explodir e tudo caminhava para um final triste. Será que não seria melhor doar a Belle? Levá-la para algum sítio e livrar a casa daquele problema que me aborrecia?

Então, numa ocasião eu estava sozinha em casa. Deprimida, querendo chorar, estava assistindo à TV, mas pensando *cadê todo mundo?* Nisso, de repente, senti minha mão úmida. A Belle estava me lambendo. Olhei para os olhos dela e notei que ela estava me consolando, que me oferecia companheirismo. Afaguei sua cabeça e seu rabinho deu sinal de que havia apreciado o carinho. Passei a mão nela e percebi que a Belle também estava sozinha e querendo minha companhia. Ela se encostou na minha perna e ali ficou a tarde toda. A partir daquele momento, comecei a enxergá-la com outros olhos e decidi que ela seria motivo de alegria na minha vida, que eu iria curti-la. Decidi ser feliz com ela.

Descobri que ser feliz é uma opção, que poderia ser feliz com a Belle e aproveitar cada benefício que ela poderia me oferecer. Na verdade, decidir ser feliz é uma opção de vida e está relacionada a como vemos e encaramos as situações da vida. Às vezes, ao invés de nos incomodar com as situações, é preciso ver o que há de bom nelas e decidir ser feliz com o pouco ou muito que aquela circunstância nos oferece.

Creio que o mais importante é a decisão de ser feliz. Para isso, é importante crer que Deus está na situação e que se Ele proveu o frio, também proverá o cobertor. É necessário ver Deus nas situações, nos problemas, estar ciente do cuidado que Ele tem conosco. Quando entendemos isso, as coisas mudam de figura. Um cachorro mau se torna o cãozinho companheiro que me ajudou nas horas de solidão. Uma provisão de Deus para a minha vida e para a minha família.

Eu sou o retrato da minha alma

Creio que a Palavra de Deus tem respostas para todas as perguntas, além de ser o "manual do fabricante" do *homo sapiens*. A Bíblia diz para o homem que "Como imagina em sua alma, assim ele é"[1] (Provérbios 23:7). Ou seja, ela diz que somos aquilo que pensamos.

---

1. Este texto foi retirado da Bíblia Almeida Revista e Atualizada – 2ª edição.

Assisti a uma transformação interessante na vida do meu esposo. Quando nos casamos, ele não era vaidoso. Vivia com o cabelo despenteado. Mesmo que o penteasse, 15 minutos depois estava todo despenteado. Ele não ligava para as roupas, usava calças largas, sem se importar com a numeração mais adequada. Era bem magro e acabou engordando. Chegou a pesar quase 100 quilos, e adquiriu uma barriga enorme. Ele não ligava mesmo para a aparência.

Certo dia, tivemos uma conversa e falei que ele precisava se cuidar, cuidar da aparência. Então, começou o processo de Deus na vida dele. Meu marido gostava de pescar e passou a observar o biótipo dos pescadores, a maioria era barrigudo e barbudo, usava apenas bermuda. Ele chegou em casa e me falou que não era aquilo que queria para sua vida, que não era assim que ele se via. Aquele foi o trabalho na mente. Ele descobriu o que era em sua mente e me disse que queria ser um coroa enxuto, magro, cheiroso, com uma postura diferente. Ele se via como um médico e tinha uma visão diferente de si.

Eu adorei. Algum tempo depois, ele resolveu fazer faculdade de Medicina.

Nesse meio-tempo, fomos para os Estados Unidos e nos hospedamos em um hotel maravilhoso que tinha um spa. Lá, meu esposo viu que os empresários americanos iam para esse espaço e depois se arrumavam para trabalhar. E ainda descobriu uma coisa que nem imaginava: aqueles homens usavam fixador de cabelo para manter os penteados. Por isso, o cabelo deles era sempre bem arrumadinho. Isso bastou para que meu esposo adotasse o cosmético. Depois daquela viagem, ele resolveu fazer uma dieta e ficou magrinho. Além de emagrecer, usou sua experiência para ajudar outros a emagrecer. Melhorou mais ainda e ficou lindo, na minha opinião.

Continuando o processo, ele descobriu como fica ótimo em calça *slim*, mais justa, e jogou fora aquelas calças enormes. Aleluia! Nessa fase, ele entendeu que tinha que se cuidar para melhorar. Aí, mudou o cabelo e colocou facetas no dente. Tudo isso porque mudou a imagem que tinha de si. Ele era a mesma pessoa, tinha o mesmo corpo e as mesmas dificuldades, mas a mente havia mudado. Meu esposo decidiu ser feliz com a sua aparência. Às vezes, não nos damos o direito de ser feliz com a aparência.

Seja feliz, melhore a sua aparência. Espelhe a beleza de sua alma. Você deve se perguntar: O que sou? O que quero ser? O que melhorar? Responda a essas perguntas e parta para as mudanças. Isso é ser feliz! Decida sorrir, decida ser feliz!

A visão que tenho sobre mim é uma decisão minha

Como a Palavra diz, você é aquilo que vê. Uma pessoa ou é linda, ou é feia, depende de como você a vê. Acho curiosa uma doença chamada bulimia nervosa. A pessoa está magérrima, quase que pele e osso, mas se olha no espelho e vê uma pessoa obesa. É uma distorção da alma. Mesmo que o médico fale, mesmo que a família fale, mesmo que a pessoa adoeça e chegue a ser alimentada por sonda, ela não acredita, porque está obesa na alma.

É necessário confrontar o que pensamos. Ver e analisar qual é a imagem que tenho de mim. Eu me vejo como uma pessoa linda? Eu me vejo bem? E se a minha imagem da alma refletir que eu sou uma pobre criatura, feia, sem condições, com tudo ruim, tudo feio? Nesse caso, a melhor coisa é apelar para a Palavra de Deus. E Deus diz que sou especial, que fui criada por Ele, que ninguém neste mundo foi feito igual a mim, que Ele caprichou, que tenho capacidades; preciso apenas descobrir quais são.

Na verdade, se o rapaz é baixinho, ele tem uma voz bonita; se a menina tem um rosto com espinhas, tem um corpo bonito. Deus capacitou cada um para um propósito específico. O importante é se disponibilizar a encontrar o melhor de si. Ir fundo, descobrir e, principalmente, estar disposto a mudar. Veja na sua mente o que você quer ser, faça seu modelo e siga em direção a esse modelo. Qualquer distância percorrida já é um indício de melhora e você vai estar muito mais feliz.

Criei uma imagem de mim mesma, a melhor possível. Essa imagem é o maior patrimônio de um artista, por isso, muitos artistas sofrem. Sofrem porque foram belos na juventude, mas a vida passa e para cada idade há uma imagem associada. Também é importante ver se essa projeção é adequada para a época em que você está vivendo. Tem muito vovô por aí passeando como se tivesse 18 anos. A imagem associada é outra. Mas quem vai colocar outra ideia nessa cabeça?

Essa percepção de uma imagem compatível com a idade também vem com o amadurecimento pessoal. Nesse ponto, são importantes os ídolos, as pessoas que admiramos. Eu ficava muito impressionada com os pastores de uma denominação que procuravam imitar em tudo o líder de sua igreja. Eles se vestiam da mesma maneira, faziam os mesmos trejeitos, procuravam falar da mesma forma, pareciam cópias uns dos outros.

Um dia, escutei aquela pregação na rádio e pensei que era um determinado servo de Deus, mas era um de seus discípulos. Fiquei impressionada. É muito bom quando queremos imitar pessoas que nos elevam e quando o ato de imitá-las nos traz bênçãos. Isso mostra como é importante querer ser aquele modelo de pessoa. Criamos uma imagem mental do ídolo, do nosso modelo, e nos imaginamos na alma dele, vivendo sua vida. É lindo.

Porém, o contrário também acontece. Muitos jovens tomam como modelo artistas que levam vidas promíscuas, envolvidos em tudo que é ruim, e tentam imitá-los. Então, acontecem os desastres.

Imite quem vale a pena ser imitado. Selecione, pense bem. Faça uma imagem na sua alma de algo ou alguém que te leve adiante e que te faça uma pessoa melhor. Escolha sorrir, crie uma imagem sorridente e feliz. A escolha é sempre sua.

Ver e tratar a mim de maneira diferente, viver de maneira diferente

Escolher sorrir, seguir em frente, ter sucesso, melhorar, multiplicar, romper, escolher chegar lá, decidir que "eu vou dar certo". Tudo é uma questão de decidir. Decidir sorrir.

Quando tomo uma decisão consigo agir, consigo perseverar, estudar, crescer. Consigo ir para a frente e não para trás.

Conheci uma médica que em seu último aniversário estava pesando mais de 100 quilos. Ela era baixinha e já estava sentindo os efeitos do diabetes, da pressão alta, da falta de mobilidade. Ela tomou uma decisão que iria fazer toda a diferença. Ela resolveu mudar porque decidiu que não era uma pessoa obesa. Então, somente com dieta e aconselhamento a médica partiu para a implementação do projeto de ser uma mulher magra, linda e chique. E foi bem-sucedida. Um ano depois, ela era outra pessoa...

A decisão de ser feliz é pessoal. Você pode decidir ser feliz e pagar o preço dessa decisão. Cada passo a caminho da felicidade coloca você no estado de felicidade na alma. Porque você não é feliz quando atinge o objetivo final, você é feliz no caminho. Cada vez que você cai e se levanta gera um regozijo, um gostinho especial. E assim segue a vida, com o gosto novo de felicidade em todos os dias. Mas, para vivenciar isso, é preciso decidir ser feliz.

Quando decido sorrir, decido ser feliz. Quando decido abrir um sorriso para cada pessoa que cruza meu caminho, me sinto feliz pela felicidade que espalho. E para isso, preciso mudar a imagem que tenho de mim. Preciso projetar a imagem de alguém que sorri e é feliz. Os passos para conseguir espalhar a felicidade são a própria felicidade.

Também preciso tratar a mim de maneira diferente, me oferecendo alguns luxos, alguns prazeres, descanso e recompensas. Ninguém vive só de trabalho. O próprio Deus ordenou que se trabalhasse durante 6 dias e que se descansasse no sétimo. Um dia para curtir a preguiça, para dormir e para fazer o que se quiser. Curtir uma rede, uma TV, um filme, um cinema.

Talvez você precise de algo diferente na sua vida. De um novo tempo para dar oportunidade para o amor, para o sonho, para a alegria. Mas eu também preciso te falar da alegria do Senhor. É ela que nos preenche e nos formata, nos ajuda a desenvolver uma personalidade voltada para Deus, porque Ele cuida, dá direção e faz o melhor por nós.

Deus oferece a oportunidade de seguir na direção do sorriso eterno, do choro eterno, ou da depressão, quando não se sente nada, nada importa, quando tanto faz. Mas, diante de Deus, eu escolhi sorrir.

Capítulo 9

Sonhar é escolher sorrir

Para sorrir é preciso sonhar

Sonhos, ilusões e devaneios que invadem a alma desde a mais tenra infância... O cancioneiro brasileiro fala de "sonho de criança". Os sonhos são o motor da vida... Por um sonho se chega ao topo de uma carreira de juiz, por exemplo. Ninguém chega a esse cargo impelido por uma obrigação. Por um sonho se acorda cedo, se trabalha quando os amigos estão se divertindo, vivemos situações que normalmente não viveríamos...

Creio que os sonhos são colocados em nossas mentes por Deus e cabe a nós desenvolvê-los e alcançá-los. Aliás, creio que a felicidade está não só em alcançá-los, mas também na luta para alcançá-los. A felicidade não está só no topo, mas na escada, em cada degrau, na vitória sobre cada dificuldade.

Quando gravei meu primeiro disco – *Long Play* de vinil ainda – eu me lembro da dificuldade de conseguir cada centavo. Para tirar as fotos, foi necessário improvisar o estúdio, as luzes e o fotógrafo. Mas, conseguimos. O primeiro estúdio de gravação era uma sala de um metro quadrado, só cabia eu lá dentro, mas o resultado ficou lindo. Cada vitória tinha um sabor especial e alimentava o meu sonho.

Muitas vezes, a preguiça quis me parar, mas o sonho me fez levantar do sofá e ir a lugares que eu simplesmente não queria ir, em horários que eu não queria. Por causa dos sonhos, fui muito longe na vida. Embora eu tenha passado por muitas lágrimas, conheci o riso; porque quando resolvemos perseguir e conquistar o sonho, nós estamos escolhendo sorrir.

Tantas pessoas têm sonhos, mas não se mexem para atingi-los. Estão paralisadas, morrendo naquele canto da vida, sem ir para frente em nada, sem evolução, sem prazer, sem um motivo para viver. E, digo mais, com uma enorme inveja de quem está ativo atrás dos seus sonhos! Essas pessoas estão condenadas ao envelhecimento, à mediocridade e à frustração.

Uma de minhas maiores motivações é Nick Vujicic, um australiano que nasceu sem os membros por causa da síndrome Tetra-amelia. Faltam-lhe os dois braços na altura dos ombros, e no lugar das pernas ele tem dois pés pequenos, sendo um deles com dois dedos. Quer um motivo mais desanimador que esse? Mas ele tinha um sonho... ser um pregador e palestrante internacional.

A vida de Nick é cheia de dificuldades e privações. Ele foi proibido, por exemplo, por uma lei australiana, de frequentar uma escola regular por causa de seu problema. Mas, graças a Deus, as leis mudaram e ele foi um dos primeiros estudantes com deficiência física a ser integrado numa escola regular na Austrália. Ele aprendeu a escrever usando os dois dedos do pé esquerdo e um dispositivo especial que desliza sob o dedão e que ele utiliza para agarrar. Também aprendeu a usar um computador, jogar bolas de tênis, pentear o cabelo, escovar os dentes, atender ao telefone, fazer a barba e se servir de um copo de água.

Ele não tem pernas, nem pés, nem mãos, nem braços como a maioria das pessoas. Contudo, resolveu que isso não seria um empecilho. O que ele queria fazer precisava apenas de boca e voz, e as suas funcionavam bem. Aos 21 anos, Nick se formou em Contabilidade e Planejamento Financeiro na universidade. Começou suas viagens como palestrante motivacional, focando em temas que os adolescentes de hoje enfrentam e também no setor corporativo. Já fez palestras para mais de 3 milhões de pessoas até agora, em mais de 24 países espalhados pelos 5 continentes e escreveu livros como *Uma vida sem limites*.

Basta sonhar, basta resolver que você quer chegar. Basta resolver ser feliz, basta escolher sorrir... Eu escolhi sorrir.

Caminho dos sonhos

Quem tem um sonho, tem uma história, tem um projeto.

Entre o sonho e a realização, há o planejamento. Ninguém chega a lugar algum se não tiver um caminho formado na mente. Primeiro é necessário sonhar coisas reais, do bem e que me levem para cima. Não adianta sonhar com um carro-avião supersônico, porque não existe; nem em casar com o marido de alguém, porque isso é do mal. E muito menos sonhar em assaltar um banco, o que certamente me levaria para baixo.

Existem empresas que buscam sonhadores, empreendedores, pessoas que querem seguir em frente na conquista. O verdadeiro sonhador procura o caminho que oferece uma viabilidade de realizar o seu sonho. Nem que seja 1% de chance porque isso é tudo de que ele precisa.

A Bíblia fala de Calebe, um israelita que estava com Moisés na invasão da Palestina. Ele se apaixonou por um lugar chamado Hebrom, porque lá havia cachos de uvas tão grandes e tão pesados que era preciso dois homens para carregá-los. Calebe, então, comunicou a Moisés que queria aquela terra para si. Moisés prometeu que, caso conquistassem a Palestina, aquela terra seria sua. Passaram-se centenas de batalhas, centenas de problemas e, quarenta anos depois, a Palestina estava conquistada. Então, era a hora de tomar posse da terra sonhada... Depois de todo aquele tempo lutando muitas batalhas, com muitos acertos, um montão de erros e milhares de barreiras, finalmente, havia chegado o dia: Hebrom se tornou a terra de Calebe. Creio que Hebrom nunca saiu da mente de Calebe. Todos os dias ele sonhava e em todas as guerras se perguntava: "O que estou fazendo aqui?". Em todas as lutas ele tinha vontade de sumir, mas não o fez. Calebe persistiu e o dia de sua vitória chegou. Ele requereu a terra: "Essa terra é minha... Esse lugar é meu".

Na maioria das vezes, é necessário dirigir a vida para um determinado alvo e andar cada quilômetro, cada pedaço, às vezes, esquecendo que existe um objetivo, simplesmente seguindo. O caminho para o sonho, é o caminho para a felicidade e andar para aquilo que queremos é o mesmo que ser feliz. Cada passo faz parte desse estado de espírito chamado felicidade. Envolve choro, raiva, emoção, perdas, conquistas, avançar e deixar alguns para trás, ser ultrapassado por outros. É se sentir fraco, incapaz, um nada e ficar em frangalhos quando não conseguimos atingir o objetivo que outros conseguem. Mas a decisão de não desistir, de não abandonar a luta, de seguir assim mesmo, faz a diferença.

Em Belo Horizonte, ficamos sabendo de um senhor que só conseguiu tirar a carteira de motorista na 27ª tentativa. Muitos teriam desistido na segunda, no máximo na terceira chance.

A vida e os sonhos são dos destemidos, dos que não têm medo de riscos. É preciso planejar e executar sem dar importância ao tempo, às dificuldades, ao custo. É preciso dizer: "Eu quero".

Se meu sonho é a minha felicidade, eu escolho sorrir.

Grammy Latino via quentinhas

Minha carreira foi linda. Foi demais o dia em que cheguei a Los Angeles, aquela cidade dos sonhos, com tudo pago e me deixaram no hotel Millennium Biltmore, onde estavam hospedados todos os artistas de cinema, de televisão e da música brasileira. Aquilo era um sonho...

Mas, para chegar a esse pico da montanha da minha vida, tive que passar por tantos vales. Eu me lembro de quando gravei meu primeiro álbum... Estava tudo certo até o momento em que o diretor da gravadora nos chamou para um encontro e disse que reconhecia meu talento, que via um futuro muito grande no meu trabalho, mas que, naquela ocasião específica, a empresa tinha outras prioridades e não havia mais verba para fazer o meu álbum. Pense em uma pessoa muito decepcionada e que ficou totalmente para baixo. Essa era eu ao sair da reunião. Me senti uma inútil, um nada. Queria chorar e comer um doce.

Nessa época, eu trabalhava com meus sogros, que arrendavam a lanchonete e a cozinha de um colégio na região de Alphaville. Eu era caixa de uma das lanchonetes e meu esposo trabalhava coordenando o serviço de refeições industriais para as grandes empresas da nossa região. Conseguíamos tirar o nosso sustento, mas não sobrava dinheiro para ninguém da família. Não dava para alimentar sonho nenhum, o dinheiro era contado.

No entanto, havia algumas empresas pequenas que não queriam uma grande quantidade de comida e o restaurante da família não conseguia atender porque era muito trabalho para pouco retorno. Ninguém queria fazer esse serviço.

Nós mal tínhamos dinheiro para nos sustentar e buscamos ao Senhor, pedimos misericórdia e orientação. Logo meu marido teve uma ideia: nas horas vagas serviríamos quentinhas para os peões dessas pequenas empresas. Decidimos assumir os riscos e o trabalho. Aquilo ia consumir todo o nosso descanso, nossos sábados e domingos, mas resolvemos assumir a bronca.

Quando meus sogros e cunhados iam embora, nós ficávamos fazendo as marmitas e as entregas até tarde da noite. No outro dia, levantávamos às 5 da manhã para comprar pão e fazer café para os peões de uma empresa. Quando acabava o café, íamos correndo iniciar o serviço na lanchonete e no restaurante. Cada quentinha rendia pouco, mas éramos incansáveis. Preparamos refeições em eventos gospel e todo mundo nos via como cozinheiros. Fazíamos comida em acampamento, onde chamassem.

Foram meses e meses sem dormir, sem descansar, mas levantamos o valor para pagar o estúdio, o CD, a capa. Improvisamos muita coisa, demos nosso melhor. Quando o álbum ficou pronto, fomos ao diretor da gravadora e entregamos a matriz. Ouvimos que ele não tinha dinheiro para mandar fazer os CDs. Chorei, chorei muito, mas não desisti. Lá fomos nós, e mais quentinhas, mais madrugadas...

Conseguimos o dinheiro e mandamos fazer o CD, que mal chegou e esgotou, com todas as unidades vendidas em uma semana.

Daí em diante as pessoas começaram a nos chamar para as igrejas. Os cachês oferecidos foram aumentando até cobrir o que ganhávamos trabalhando com refeições. Então, passamos a trabalhar exclusivamente com música. Vendemos mais de 200 mil cópias do segundo CD, depois veio o terceiro e, finalmente, Los Angeles e o Grammy Latino.

A felicidade do Grammy Latino foi uma grande vitória, assim como conseguir o dinheiro para pagar o primeiro estúdio marmita a marmita. Para chegar ao Grammy Latino, muitas vezes você terá que passar pelas quentinhas...

Lança teu pão sobre as águas

> Lança o teu pão sobre as águas, porque depois de muitos dias o acharás. Reparte com sete, e ainda até com oito, porque não sabes que mal haverá sobre a terra. Estando as nuvens cheias,

> derramam a chuva sobre a terra, e caindo a árvore para o sul, ou para o norte, no lugar em que a árvore cair ali ficará. Quem observa o vento, nunca semeará, e o que olha para as nuvens nunca segará. Assim como tu não sabes qual o caminho do vento, nem como se formam os ossos no ventre da mulher grávida, assim também não sabes as obras de Deus, que faz todas as coisas. Pela manhã semeia a tua semente, e à tarde não retires a tua mão, porque tu não sabes qual prosperará, se esta, se aquela, ou se ambas serão igualmente boas.[1]
>
> Eclesiastes 11:1-6

Que coisa maravilhosa essa passagem bíblica, ela nos ensina tanto sobre como chegar aos nossos objetivos. Se puder, leia novamente e aplique na sua vida. Eu resumiria toda essa passagem da seguinte forma: aproveite cada oportunidade da sua vida, cada relacionamento, cada contato, cada ideia, cada amigo, cada convite.

Meu esposo conta que, em 1959, catorze anos depois do fim da Segunda Guerra Mundial, o Sr. Marquinho, pai

1. Texto retirado da Bíblia Almeida Corrigida Fiel.

do meu sogro, recebeu um convite de uma empresa alemã para montar uma revenda de carros na sua região. A empresa pagava tudo. Tudo mesmo. Era para vender um carro alemão de motor na traseira. O Sr. Marquinho ridicularizou o carro, onde já se viu motor na traseira? E, por causa do seu preconceito com os alemães e da propaganda da guerra, ele não aceitou o convite.

Bom, o carro era o Fusca, o maior sucesso de vendas de carro de todos os tempos. A empresa era a Volkswagen. A família da pessoa que aceitou o convite é milionária até hoje e donos de todas as revendas da Volks na região.

Por isso, é importante avaliar cada convite, cada oportunidade, a despeito da aparência, a despeito da situação. Veja cada possibilidade, cada oferta; ali pode estar um tesouro. Plante todas as sementes que você tiver, adube, coloque água, não descanse, molhe de novo. Se forem dez roças, plante, adube, regue e cuide de cada roça, porque você não sabe qual vai ter um grande resultado.

Certa vez, fui convidada para participar de um evento de mulheres. Não havia cachê, mas eu fui assim mesmo. Naquele evento eu conheci tantas líderes, tantas pessoas importantes para o meu ministério, que de lá saíram convites para vários eventos que trouxeram muito mais rendimento para o nosso trabalho.

Há portas que parecem pequenas, mas que nos levam a grandes oportunidades. Por isso não devemos deixar de aproveitar cada oportunidade, de abrir cada porta, de explorar cada contato e de seguir cada caminho até que surja a necessidade de mudar a direção.

Para sorrir, às vezes, temos que abrir as portas que a vida nos oferece. A escolha é sua.

Eu abri cada porta que foi possível. Eu escolhi ser feliz.

Caminhar na direção

Sobreviventes de naufrágios, por exemplo, se salvam porque tomam uma decisão. Escolhem uma direção que julgam correta e nadam para lá. No mar, sem instrumentos, ninguém sabe a direção certa, mas todos acham alguma coisa. A força de vencer está em tomar uma decisão.

Assim como no exemplo do mar, muitas vezes, nós sabemos onde queremos chegar, mas não enxergamos o caminho, somente água por todos os lados. E a vida nos impõe muitas situações. Nós queremos alcançar nossos objetivos, mas estamos amarrados a problemas que nada têm a ver com esses objetivos. E os problemas nos fazem perder o rumo, e quando isso acontece acabamos matando nossos sonhos e morrendo no mar de problemas.

O segredo é escolher a direção e seguir, como no mar sem fim, no deserto avassalador, no meio da floresta, no meio dos seus problemas... O segredo é seguir em frente, na direção que for possível. Tanto melhor se você encontrar um instrumento que o ajude a achar a direção.

Para chegar aonde chegamos, foi necessário passar por problemas que achávamos que não superaríamos. Certa vez passamos por uma escassez financeira tremenda. Nós preferimos pagar as prestações do apartamento e deixar as outras contas atrasarem. Foi difícil porque havia cobrança o tempo todo, cartas e mais cartas. Mas tudo piorou quando o interfone tocou e o porteiro avisou que era o oficial de justiça. Meu coração tremeu... Congelei... Desci para atender e ele tinha vindo buscar o carro porque as prestações estavam atrasadas. Explodi por dentro, mas paralisei. Subi para pegar a chave, entreguei ao oficial, que preencheu os papéis e levou o carro.

Quando voltei para casa, eu não via a porta, não via o apartamento, só pude ver a cama, onde pulei e chorei. Chorei, chorei até não ter mais lágrimas. Ali eu não via o futuro que Deus tinha para mim, apenas o mar de problemas que estava à minha volta. Eu havia sido engolida por um redemoinho do mar de problemas. Como isso aconteceu? Como viver, sorrir e me alegrar?

Era possível falar em vitória quando meu esposo chegou em casa? Era possível falar em bênçãos de Deus? Só era possível chorar e falar do problema...

Pegamos um empréstimo e recuperamos o carro três dias depois. Mas, as dívidas continuaram. Conseguimos resolver tudo somente quando meu ministério ganhou força de verdade. Quando começamos a receber pelos eventos, a vender CDs, quando o sonho começou a acontecer. Só então o fantasma das dívidas começou a ir embora... Mais ou menos na época do Grammy saldamos todas as dívidas. O tempo dos sonhos realizados nos proporcionou os recursos de que precisávamos.

O sonho traz a provisão, traz o socorro para todas as áreas: financeira, emocional, profissional e amorosa. É preciso acreditar que Deus se importa com nossos sonhos, persistir e caminhar na Sua direção. Escolha caminhar, mesmo quando não ver o caminho. Seu sonho será seu guia. Escolha sorrir.

Eu escolhi sorrir e achei o meu caminho.

Escolher sorrir é entregar-se ao sonho

Ninguém pode ser feliz se não sonhar, se não conquistar sonhos pequenos ou sonhos grandes.

Eu quero terminar este capítulo com uma passagem bíblica sobre sonhar. É o Salmo 126. Aprecie.

O povo de Israel estava preso na Babilônia; eram escravos, não tinham direito de viver, de sonhar, de qualquer coisa. Mas, a nação e a liberdade daquele povo foram restauradas e essa é a música que entoaram:

> Quando o SENHOR trouxe do cativeiro os que voltaram a Sião, estávamos como os que sonham. Então a nossa boca se encheu de riso e a nossa língua de cântico; então se dizia entre os gentios: Grandes coisas fez o SENHOR a estes. Grandes coisas fez o SENHOR por nós, pelas quais estamos alegres. Traze-nos outra vez, ó SENHOR, do cativeiro, como as correntes das águas no sul. Os que semeiam em lágrimas segarão com alegria. Aquele que leva a preciosa semente, andando e chorando, voltará, sem dúvida, com alegria, trazendo consigo os seus molhos.[2]

Eu escolhi sonhar, eu escolhi sorrir.

---

2. Texto retirado da Bíblia Almeida Corrigida Fiel.

Capítulo 10

Minhas atitudes mudam o meu mundo

Como suas decisões afetam o próximo

- Me divorciando da tristeza
- Estou namorando com meus planos e com o futuro, vou me casar logo que chegarem até mim.

Alguém feliz incomoda muita gente

Eu achava que as minhas vitórias alegravam meus amigos e pessoas mais próximas, que todos ficavam felizes quando eu estava feliz. Meu Deus, descobri que não é verdade. Muitas pessoas ao meu redor se incomodavam com minha bênção. Quando ganhei o Grammy Latino, teve muito *glamour*, muita mídia, foi muito legal mesmo. Mas as pessoas criaram a ideia de que eu tinha ficado milionária e achavam que eu teria que pagar tudo para todos. O Grammy é só uma estatueta de um gramofone, não se ganha nem um centavo; pelo contrário, se gasta bastante para ir à festa de premiação.

O mundo tende a ficar em um eterno estado de mau humor, nutrindo um sentimento de que tudo vai piorar e que nada vai dar certo. Alguém que rompe com essa lógica e consegue atravessar as barreiras é considerado anormal. Quando meu esposo passou em uma faculdade de Medicina já maduro, ele quebrou um paradigma. Muitos esboçaram felicidade, mas o sentimento real era de incredulidade. Na formatura, a frase que ele mais ouviu foi: "Você conseguiu mesmo". Essa frase denuncia a desconfiança de que ele fosse se formar.

Tudo isso serve para dizer que quando você decidir sorrir, nem todos vão te compreender, e, algumas vezes, essas pessoas vão se sentir incomodadas. Então, o importante é você, no seu mundo, enxergar o plano de Deus. Esse incômodo que você causa também é um movimento contrário à tendência de o mundo permanecer no estado de mau humor; é um recado a todos de que é possível sorrir, é possível ser feliz.

Sou uma pessoa muito sonolenta de manhã, mas meu esposo acorda de manhã cumprimentando os passarinhos, sorrindo para o sol e com todo o ânimo do mundo. Por essa razão nós nos completamos. No início, eu me irritava tanto com isso... Eu queria dormir e ele alegre com a vida, eu de mau humor e ele cantando de manhã. Depois de um tempo, isso passou a ser um estímulo para mim, uma força para vencer o meu mau humor. Quando tenho que acordar de madrugada nas minhas viagens, quando tenho que ter forças para enfrentar voos às 4:30 da manhã, eu me lembro de que meu esposo estaria me puxando, me empurrando e sorrindo. Então, me sinto novamente estimulada a seguir, enfrentar o desafio e vencer. E eu nunca perdi nenhum voo da madrugada. A alegria contamina o casal e dá força um para o outro. Ele conseguiu me contaminar com o seu sorriso e eu resolvi que vou contaminar as pessoas com o meu sorriso também.

Eu resolvi sorrir.

Alguém feliz muda o ambiente

Ninguém gosta de passar um tempo com uma pessoa chata, que só reclama e está de mal com a vida. Como é bom alguém alegre, animado, que está sempre feliz. Essas pessoas nunca estão sozinhas, pois os outros estão sempre querendo gente alegre por perto. Uma pessoa feliz muda o ambiente, muda o foco da conversa, muda o direcionamento de um grupo de pessoas. O mesmo acontece com uma pessoa triste e para baixo.

A Bíblia nos ensina:

> E graças a Deus, que sempre nos faz triunfar em Cristo, e por meio de nós manifesta em todo o lugar a fragrância do seu conhecimento. Porque para Deus somos o bom perfume de Cristo, nos que se salvam e nos que se perdem. (2Coríntios 2:14-15)[1]

Primeiro, quando estamos em Cristo sempre estamos em triunfo, em vitória. Seja qual for a situação, Ele está nos conduzindo para o triunfo. O Espírito Santo de Deus sempre está por perto e nos dando sinais do caminho do triunfo, do caminho da vitória. Veja que a Palavra é um triunfo, ou seja, uma vitória visível a todos, com festa e reconhecimento. Esse reconhecimento do sonho alcançado é o bom perfume de Cristo para as pessoas. Alguém com um perfume delicioso muda o ambiente. E esse perfume influencia as pessoas, as que se perdem e as que são salvas.

Trilhar o caminho do triunfo é trilhar o caminho com Jesus. Escolher Jesus é escolher ser o bom perfume.

Eu escolhi viver esse triunfo, eu escolhi sorrir.

---

1. Texto retirado da Bíblia Almeida Corrigida Fiel.

De bem com a vida, de bem com Deus

Entendo que para estar de bem com a vida é necessário estar de bem com Deus.

Quando uma pessoa está passando pela pior guerra de sua vida, em sua alma tudo é uma batalha, tudo é luta. Creio que Deus vem para instalar uma paz nos pensamentos, na alma, que excede todo o entendimento que se tem da vida, acabando com a guerra. Então, um tempo de serenidade e mansidão se inicia para dar um novo enfoque ao problema, à família, aos negócios, aos planos, a tudo: o enfoque de Deus.

Onde existe ódio entre família, entre amigos, discórdia sem fim, incompreensão e desunião, Deus coloca o amor, porque Ele é amor, ele ensina o amor. O amor quebra todas as barreiras, o amor vence a ingratidão, o amor abre a porta para o perdão, o amor une, o amor faz ver a situação com outros olhos.

Quando Deus chega, traz o perdão que une irmãos, que quebra o poder da mágoa, que reúne famílias, que faz a lágrima fluir, o coração amolecer e faz surgir a oportunidade de uma nova chance.

Quando Deus tem uma oportunidade, Ele traz a alegria legítima de ver a verdade exaltada, a justiça em evidência, os direitos garantidos, a pessoa livre do pecado em um ambiente onde a verdade reina. A alegria baseada na bebida, no vício, no sexo, no engano ou no dinheiro, não é alegria, é apenas um prazer momentâneo. Porque a alegria é baseada na verdade. Essa é a alegria real.

Estar de bem com a vida é ter essa paz, esse amor, o perdão e a alegria. É estar de bem com Deus.

Eu escolhi estar de bem com a vida, de bem com Deus. Eu escolhi sorrir.

Decidi: eu vou ser feliz

Muitas mulheres estão presas a dogmas sobre ter que ser mães, não poder se arrumar, que não precisam se cuidar. Elas acabam deixando a vida passar, rebaixando sua vitalidade, sua autoestima, seu amor próprio.

É hora de ser feliz! É hora de se arrumar, fazer o cabelo, a unha, o buço! Trabalhar para comprar uma roupa nova, conhecer um lugar novo, planejar algo legal, fazer um esporte novo, fazer algo que você nunca fez na vida. Experimentar, errar, acertar, viver e ser feliz. Existem milhões de coisas que você não fez, descubra uma que você quer fazer, vá e faça. Não dependa do que os outros querem, ou do que os outros acham.

Mude o cabelo, escute uma música diferente, vá a um show que você gosta, vá a uma igreja diferente, cante um louvor novo, leia um livro que a anime. Descubra a vida, porque Deus tem mais para você. Você não é só isso, a vida não acabou.

Um dia, meu esposo resolveu fazer uma cirurgia na pálpebra, emagreceu 20 quilos, mudou todas as roupas, começou a fazer ginástica, comprou uma bicicleta e acessórios, mudou o cabelo e começou a usar spray. E ficou lindo para mim. Adorei! Melhorou e eu saí ganhando. Mas ele ganhou mais que eu, porque resolveu ser feliz.

A felicidade é um estado de espírito, não é um alvo a ser atingido. Os sonhos são mais lindos enquanto não os atingimos, eles estão cercados por uma aura de felicidade. Quando o sonho se realiza, descobrimos que não era tão maravilhoso assim, que além dos benefícios, há responsabilidades e problemas.

Sendo assim, a felicidade é um estado da alma. Está no caminho para a conquista do desejo, e também está nos momentos da conquista daquilo que desejamos. A caminhada e a conquista podem acontecer em um estado de felicidade, de apatia, ou de infelicidade.

Creio que a felicidade é quase uma decisão, uma forma de encarar a vida, uma declaração interna: "Eu sou feliz". Conheci pessoas que tinham grandes vitórias, muitas posses, carros, casa e não eram felizes. E conheci pessoas que não tinham bens, que passaram por muitas situações ruins na vida e eram felizes, muito felizes.

Minha sogra é uma pessoa assim. Ela é uma mulher feliz. Toda vez que pergunto como ela está, ela sempre abre um sorriso e responde: "Bem, bem, bem mesmo".

Ela passou por duas cirurgias cardíacas, por um AVC que lhe trouxe uma dificuldade de fala, estive perto da morte várias vezes, toma muitos remédios, perdeu o esposo, não tem bens, não dirige, não vai ao cinema. Mas é a alegria em pessoa. Quando chega em casa, ela traz luz, traz alegria. Sempre está bem, até quando sabemos que está com dor. Ela se exercita, faz caminhadas de uma hora todos os dias. Vai aos congressos de mulheres da igreja. Foi para Recife, Caldas Novas, Águas de Lindóia. Sozinha. A sua Bíblia é sua companheira, e ela sempre tem uma palavra boa, uma palavra bíblica para nós. Minha filha se emocionou muito numa tarde em que a avó se sentou na varanda de nosso apartamento e passou o tempo todo lendo a Bíblia. Minha filha viu aquela cena linda e tirou uma foto. A foto ficou maravilhosa, pois trazia a imagem do ambiente de serenidade que estava em nossa casa. Sua postagem no Facebook dizia que aquela era a cena de alguém em paz e feliz. Minha sogra sempre está de bem com a vida, de bem com Deus. Cada dia é um dia de alegria. Ela é alegria para cada pessoa que convive com ela. Ter uma pessoa que traz luz ao nosso lado é um privilégio.

Conheço tantas pessoas na mesma situação e que só sabem reclamar dos problemas médicos, da dor aqui e da dor ali e que não tomam atitude nenhuma para mudar...

Eu resolvi ser feliz. Eu resolvi sorrir.

Mesmo sem dinheiro, mesmo que me custe

Se o conceito de felicidade não é possuir, nem conseguir, nem alcançar, mas um estado da alma, eu posso decidir ser feliz com o que tenho, como sou. Basta eu mudar o enfoque sobre a minha vida. Parece simples, mas não é. Envolve cada dia, cada acordar, cada reação, cada momento.

O dinheiro permite acesso a muitas coisas, mas se a alma não estiver satisfeita, quanto mais coisa a pessoa tem, mais enfado ela se sente. Existe uma série de filhos de pessoas de posse que tendem a rejeitar a vida com bens materiais procurando uma vida mais consistente sem a aura financeira fornecida pela família.

Nos momentos difíceis de falta de dinheiro encontramos o Deus Jeová Gireh, o Deus da provisão que não permitiu que nada nos faltasse, que nos consolou e nos impulsionou.

Mesmo quando não havia motivos para sorrir, Deus colocou um sorriso em meus lábios. Eu nunca me esqueço de quando havia uma apresentação em Florianópolis agendada e eu tinha extraído um dente. O pior é que o local estava inflamado e doía muito. E eu tinha que cantar e sorrir. Que dificuldade cantar e sorrir no meio da dor, no meio da sensação da doença... Foi um dos trabalhos mais difíceis de fazer. Mas nada disso apareceu para o público. As pessoas receberam meu sorriso, foram abençoadas com as minhas músicas, mas só eu e Deus sabemos o que aquilo me custou.

Não importa o preço, não importa a situação, pode ser que alguém esteja precisando do seu sorriso. Se depender de mim, mesmo na maior dor, eu escolho sorrir.

Capítulo 11

Dez passos para escolher sorrir

Passo 1 – Decida sorrir

> Todos os dias do oprimido são infelizes, mas o coração bem disposto está sempre em festa.
>
> Provérbios 15:15

Quando estamos inseguros, só enxergamos o lado negativo de tudo. Se está chovendo, reclamamos das enchentes, que a chuva "chove molhada", que a chuva estraga o penteado, que a chapinha não vai durar. Se faz sol, o insatisfeito, o inseguro, reclama do calor, do suor, do cansaço. Já aquele que decide ser feliz em tudo, aprende uma lição. Se o almoço é marmita, ou quentinha, ou prato feito, então é como um banquete! Esta é uma decisão pessoal, íntima e independe das pessoas ao nosso lado. Eu decido ser feliz.

Às vezes, pensamos muito nos outros; às vezes, o meio em que vivemos exige que desistamos de nós mesmos; às vezes, a vida nos conduziu a uma situação para a qual não vemos saída. O início de tudo é a decisão de pensar em mim: eu quero, eu vou acontecer, eu vou dar certo. Na verdade, precisamos ter amor próprio e pensar um pouco mais em nós mesmos. Muitas pessoas já nascem com esse sentimento, mas muitos nascem predestinados a pensar apenas nos outros. Para ser feliz e sorrir será necessário pensar em você, em suas vontades, em sua vida, e investir, gastar tempo, gastar recursos para seguir na direção do seu desejo.

O simples fato de caminhar para aquilo que você gosta já a faz feliz.

Para tomar essa decisão, muitas vezes vai ser necessário deixar a preguiça, agir, se organizar, achar tempo onde não há, ou seja, acordar mais cedo e dormir mais tarde. Mas cada segundo vai valer a pena. Não há nada melhor que chegar ao fim de um dia cansativo, quase exaustivo, e pensar: "Hoje eu caminhei em direção ao meu sonho". A sensação de dever cumprido e de triunfo não tem preço.

Passo 2 – Faça uma lista de agradecimentos

Temos muito para agradecer. Mesmo nas situações menos favoráveis existem milhões de coisas para agradecer, e existem pessoas que não têm o privilégio que temos.

1. Meu Deus, que teve misericórdia de mim, me salvou, me ajudou, me ensinou o caminho, me conduziu e me fez uma mulher realizada. Sem Ele, nada seria possível.
2. Minha família unida.
3. Minha casa.
4. Meu carro.
5. Meu ministério, minha carreira, meus prêmios.
6. As pessoas que acreditam no meu ministério, que me consideram. Os seguidores nas redes sociais.
7. Minha equipe de trabalho, músicos brilhantes que têm enriquecido o meu ministério. Minha editora.
8. As ideias, canções e arranjos.
9. O suprimento de Deus em cada necessidade, cada capricho, cada detalhe.
10. A oportunidade de escrever e ajudar pessoas.

Eu poderia chegar a centenas de itens, mas 10 já é uma quantidade razoável de itens para agradecer e me motivar a ser feliz. Um coração grato é um coração feliz, é um coração que sorri. A gratidão vem de Deus. Quem não sabe ser grato não sabe sorrir.

Ainda podemos listar a saúde, o ar que respiramos, meu pai, minha liberdade e muitos outros itens. Faça sua lista agora e veja como você tem motivos para ser feliz.

MINHA LISTA DE AGRADECIMENTOS

1. ______________________________
2. ______________________________
3. ______________________________
4. ______________________________
5. ______________________________
6. ______________________________
7. ______________________________
8. ______________________________
9. ______________________________
10. ______________________________

Sou muito grata, escolhi ter um coração grato. Escolhi sorrir.

Passo 3 – Volte a estudar

Estudar, saber mais, aprender mais uma forma de arte, mais um esporte, mais uma dança... Aprender evita o mal de Alzheimer. Quando aprende, você cria conexões nervosas, sinapses, caminhos cerebrais. Quem para de aprender tem perdas cerebrais e piora o sistema cognitivo do cérebro.

Se você já é formado, vá fazer um curso de pintura, de dança. Aprenda um instrumento novo, faça um curso de cabeleireiro, de massagista, de contador de história.

Se você ainda não fez faculdade, atire-se, vá atrás, pegue um financiamento, vá aprender uma nova profissão. O importante é passar e fazer a matrícula, depois você corre atrás do recurso. Deus prove os meios de quem corre atrás. Quem desiste, tem maior dificuldade de voltar depois. Faça uma faculdade. Se for preciso, procure um sistema de crédito estudantil ou um programa de bolsa de estudos. O importante é correr atrás, pedir, buscar, insistir.

Quem desiste nunca chega lá. E quem não tenta, nunca vai desfrutar das bênçãos de uma faculdade. É difícil? É, sim, mas não é impossível. Você vai sofrer? Sim, muito. São vestibulares, dificuldades financeiras, professores injustos, provas difíceis, noites sem dormir, distância da família, dos amigos. Mas todos que fizeram uma faculdade passaram por isso. Por que com você vai ser diferente?

Estudar significa exercitar a mente...

Assistir a um bom filme, um programa de TV, pode ser uma opção de lazer; mas não perca muito tempo ou horas do seu dia apenas fazendo isso com um controle remoto na mão porque esse vício dificulta a reflexão. A TV oferece informações já processadas, que não exigem esforço de pensamento. A mente não trabalha. Com isso, o raciocínio fica acomodado e sem função.

A mesma coisa acontece com a internet, os aplicativos para celular e as redes sociais. Eu já cheguei a gastar horas com eles e não tive acréscimo nenhum em minha vida. Busque equilíbrio em tudo na sua vida.

Quem sabe um dom maravilhoso está à sua espera?

Talvez desse pequeno parágrafo se desenvolvam pinturas maravilhosas, músicas inesquecíveis, coreografias espetaculares, ou até mesmo um advogado, uma médica, uma enfermeira, um engenheiro...

Não importa a idade, não importa a situação, eu a convido a ativar a mente. Felicidade depende de mente ativa. Saúde mental depende de mente ativa.

Eu decidi ativar a minha mente, eu decidi sorrir.

Passo 4 – Volte a se arrumar ou simplesmente mude

É hora de mudar o cabelo, comprar uma roupa diferente. Se você é mulher, é hora de fazer uma reforma completa, com depilação, design de sobrancelha e salto alto. O que você mulher precisa é se sentir linda, se sentir viva, se sentir atraente, sentir que você é mulher.

Para o homem não é diferente. Se você precisa perder peso, então se esforce. Cuide do cabelo, use roupas mais na moda, corte as unhas, compre um perfume novo, escove os dentes, abandone aqueles hábitos feios, trate o mau hálito, mude de desodorante. Garanto que todos vão notar a mudança. Se você for casado, sua esposa responderá com muita ênfase a uma mudança dessas.

Para quem já é vaidoso, já se cuida, fica uma dica: faça alguma mudança. Mude uma cor, compre uma roupa diferente que você nunca usou.

Mude sua foto no Facebook. Faça uma pose diferente no Instagram, faça uma montagem, mude a sua imagem. Crie algo engraçado. Use programas da internet para transformar sua foto. Inclua humor na sua vida. Mostre seu lado diferente, ou crie um personagem de você mesmo. Compartilhe textos de humor. Faça alguma coisa, transforme. Saia da monotonia.

Para homens e mulheres: parem de envelhecer a mente. Já chega o corpo, que envelhece naturalmente. Se sua mente não envelhecer, você irá passar mais lentamente pelo processo de envelhecimento. Você não acabou, essa é uma decisão sua. Comece a se interessar por coisas que melhorem a sua aparência. Acorde para a vida. Deixe de se importar com o que os outros falam ou vão falar de você caso escolha mudar. Quem é falador, vai falar se você mudar ou não.

As mudanças fazem bem, melhoram, abrem horizontes, geram novos ares. Eu me sinto tão bem quando faço um penteado novo e alguém nota. Já meu esposo é diferente, ele muda alguma coisa e gosta que ninguém note, mas todo mundo nota. Cada pessoa tem um jeito particular de encarar mudanças na sua imagem. Elas são positivas, mesmo que às vezes assustem. Trazem muita coisa nova, muitos comentários, muita atenção, muitos sorrisos.

Quando tínhamos a banda Metanoya, meu esposo resolveu deixar o cabelo comprido porque ele achava lindo ter o cabelo enorme igual ao dos roqueiros. O cabelo dele ficava sempre muito embaraçado e não ajeitava, mas ele era feliz com o seu cabelo comprido. Certo dia, fomos a um show de rock e os astros estavam lá. Ele descobriu o segredo dos cabelos bonitos dos roqueiros. Ele viu um deles, o de cabelo mais bonito, fazendo chapinha e alisando os fios. Naquela semana meu marido entendeu o custo, o preço e o trabalho que daria ter um cabelo comprido lindo e liso e resolveu voltar ao corte antigo.

Eu decidi mudar sempre, dentro do meu contexto. Eu decidi sorrir.

Passo 5 – Arranje um tempo para Deus

As pessoas têm se esquecido de Deus. Mas eu creio que Deus amou o mundo de tal maneira que deu seu filho Jesus Cristo para que todo aquele que crer nele, não pereça e tenha a vida eterna. Entreguei minha vida a Ele, e sei que Ele tem um plano especial para ela. Creio que Deus cuida de mim, e tenho visto e sentido isso durante a minha caminhada.

A comunhão em oração é muito grande. Sei que quando eu oro, Deus me ouve. Creio que Ele me escuta e escuta qualquer pessoa que quiser e precisar falar com Ele. O segredo é pedir tudo em nome de Jesus. Porque a Bíblia fala que Jesus é o caminho que nos leva a Deus, Ele é o intercessor. O poder de tudo está no nome de Jesus.

Para você sorrir é importante ter essa comunhão com Deus. Uma das formas de ter acesso a Deus é procurar um lugar tranquilo para se concentrar, fechar os olhos e pedir sinceramente que Ele se revele a você para que com isso você possa sentir algo que venha diretamente dEle para a sua vida. Não estou dizendo que é necessário você se ligar a qualquer organização de uma igreja, mas que você tenha um relacionamento próprio com Deus.

Se puder, separe um tempo só para falar com Ele, para buscá-lo. Peça que Ele te oriente no que fazer, em qual caminho seguir. Conte a Ele as suas angústias, as suas dificuldades, os seus problemas. Não contenha as suas emoções. Se quiser, chore na presença dEle, em segredo, só você e Deus... É maravilhoso quando sentimos que Ele nos ouviu e recebemos Suas respostas. Ninguém pode sentir por você esse tipo de experiência. Quando temos tempo para Deus, podemos sentir sua presença em nosso viver, acompanhados quando sozinhos e fortalecidos quando fracos.

Se você nunca teve esse tipo de experiência, sugiro que você faça uma oração assim:

> Senhor, quero confessar os meus pecados e pedir que Você entre na minha vida e mude o meu coração. Eu te recebo como meu Salvador. Em nome de Jesus. Amém.

A Bíblia fala que quando oramos Ele vem em nosso coração com o Espírito Santo e segue conosco em nossa jornada de vida. Andar com Jesus nos faz feliz, nos dá segurança e nos faz sorrir. Eu escolhi sorrir.

Passo 6 – Faça um programa de saúde para o seu corpo

As pessoas nunca ficaram tão obesas, tão doentes, tão sedentárias, tão mal alimentadas, tão envenenadas, tão invadidas em seus corpos por poluentes, por ondas elétricas, eletromagnéticas. Tudo isso leva à doenças terríveis. O sobrepeso já atinge mais da metade da população adulta do Brasil, segundo o IBGE, e começa a crescer em níveis assustadores nas crianças. As doenças cardiovasculares estão cada dia mais precoces. Já se tem notícia de jovens e crianças com histórico de infarto causado por obesidade, que poderia ser evitada.

O contexto em que vivemos é péssimo e venho repetir o que milhares de pessoas falam na internet, na TV, na mídia: você precisa atender as necessidades de saúde do seu corpo. Não existe bem maior que a saúde. Sem saúde nada tem graça na vida.

Primeiro, mude a sua dieta, faça algo saudável pela sua vida. O quanto antes mudar, mais benefícios você terá. Coma menos carboidratos, coma muitas frutas, muitas verduras e legumes, muita proteína. Se precisar perder peso, não tenha medo, é hora de mudar sua vida. Chega de chorar por causa das gordurinhas, está chegando o momento de sorrir. É uma sensação muito boa quando as roupas que você usava não servem mais porque ficaram grandes.

A atividade física tem que ocupar um lugar importante em sua vida, você precisa priorizá-la. A OMS (Organização Mundial da Saúde) orienta que qualquer pessoa deve gastar no mínimo 50 minutos fazendo atividade física três vezes por semana. O valor das mensalidades das academias caiu, e estão acessíveis a qualquer pessoa. É possível fazer um programa de exercícios bem apropriado e com acompanhamento adequado. Depende de cada um determinar que isso é uma prioridade.

Também é necessário visitar seu médico, tratar o que tem que ser tratado. Porque, em Medicina, tudo que fica para depois piora. Procure seu médico, faça uma avaliação.

Quando nossa saúde está boa, temos motivos para sorrir. Muitas coisas em nossa saúde dependem de nós. Muitas doenças podem ser evitadas com o nosso esforço em nos cuidar.

Eu resolvi que vou cuidar da minha saúde. Eu resolvi sorrir.

Passo 7 – Faça um poema, um diário, anote o tique-taque do seu coração

Essa é uma forma de extravasar a alma. Você só saberá o que tem dentro de você quando puser para fora. Experimente escrever um poema, uma letra que venha do seu coração. Escreva sobre sua dor, sua verdade, seu Deus, sua amada ou seu amado, descarregue no papel.

Além de fazer bem, ainda existe a possibilidade de sair algo tão bonito que pode virar uma canção que atravesse os tempos.

Há a possibilidade de você fazer um diário e escrever o que gostaria de falar. Isso já ajudou muita gente. Ou decida fazer um desenho, uma figura que esteja na sua alma. Isso tem que ser sentido e exteriorizado.

Ouse escrever, pode sair um livro maravilhoso, um poema que vai alegrar a muitos. Você pode se surpreender com o resultado.

Eu me atrevi, eu ousei, eu escrevi e o resultado foi maravilhoso.

Deu certo porque eu resolvi sorrir.

Passo 8 – Decida fazer algo novo e diferente

Você precisa sentir aquele friozinho na barriga porque vai fazer algo novo que nunca fez na vida. Algo diferente, algo emocionante, ou simplesmente algo que te faça feliz...

Que tal pular de paraquedas? Ou andar de skate, aprender dança de salão, pescar, fazer uma viagem a um lugar que você nunca foi, acampar, ou quem sabe ir a um parque de diversões? Ou ainda, assistir a uma peça de teatro de comédia, ou uma ópera no Teatro Municipal...

Talvez cozinhar para seus amigos um prato mexicano, ou assistir a um filme em 3D em cadeiras que se movem, pairar no ar em roupas aéreas... Surfar, fazer curso de natação, aprender a lutar com espadas em esgrima, ou fazer teatro... Sim um curso de teatro... Ir a um show diferente dos que você vai... Comer uma comida diferente...

Vá à igreja, veja o que Deus tem para falar com você. Não olhe para as pessoas, só receba a mensagem que Deus tem para você. Receba simplesmente...

Eu estou te desafiando a sentir outros sabores, outros cheiros e outros sentidos da vida. Saia da redoma que você vive, ponha o nariz para fora e veja que a vida pode ser mais do que o que você está vivendo...

Você pode sorrir ao encontrar experiências inusitadas e coisas novas na sua vida. O velho pode sair da sua vida para dar lugar ao novo que Deus tem para você.

Resolva fazer algo diferente, resolva sorrir. Eu resolvi sorrir.

Passo 9 – Faça uma lista de 10 coisas que te deixariam feliz e ponha-a em prática

Cada um de nós tem uma lista do que gostaria de fazer; mesmo que seja absurdo, mesmo que não tenha sentido. Essa lista não deve depender da atitude de outros (filho, marido, parente), mas dos desejos do seu coração, da sua alma, sobre o que você precisa fazer antes de morrer. Bom, lá vai a minha:

1. Fazer uma viagem Romântica para algumas cidades como Paris e Veneza com meu esposo
2. Eliminar os quilos "extras"
3. Assistir um jogo do São Paulo no Morumbi
4. Passar mais tempo com a família
5. Passar um réveillon em Nova York
6. Contribuir mais com causas sociais
7. Ganhar mais um Grammy Latino
8. Aprender a tocar violão
9. Estudar pintura
10. Voltar a estudar

Talvez no meu perfil no Facebook você me veja realizando alguns desses desejos. Além de eu estar sorrindo e feliz, também será um chamamento para você pensar em seus desejos também.

Agora é a sua vez, faça a sua lista!

MINHA LISTA

1. ______________________________
2. ______________________________
3. ______________________________
4. ______________________________
5. ______________________________
6. ______________________________
7. ______________________________
8. ______________________________
9. ______________________________
10. ______________________________

Passo 10 – Perdoe, peça perdão e decida que não vai deixar ninguém roubar a sua felicidade

Existem milhares de pessoas interessadas em dar palpite na sua vida e querendo que você seja igual a elas. Mas Deus fez cada pessoa única, diferente e especial. Cada um tem seus desejos, suas necessidades e seus planos de vida.

É importante se aconselhar com pessoas que tenham experiência nos assuntos para os quais estamos procurando orientação, com nossos pais e pessoas que se interessem pelo nosso sucesso. Quando surgir a chance de sucesso sempre vai aparecer alguém contra, que vai tentar coibir a possibilidade. Tome cuidado com os invejosos, com quem questiona demais, com quem só quer saber os problemas, mas não se envolve na sua vida, não sofre com você. Quando você decidir ser feliz, poucos vão estar ao seu lado e muitos vão querer somente impor suas opiniões. Sua missão maior será descobrir onde estão os laços de amor, onde estão os faladores e onde estão os traidores.

Mas Deus coloca uma direção de felicidade em nossa vida, e a nossa alma sabe que vem dEle e já se eleva. Essa direção traz crescimento, verdade, paz. Esse caminho ajuda as pessoas, não fere, faz prevalecer o amor e nos conduz para frente, para um futuro melhor, para uma vida melhor.

Não se deixe estagnar por opiniões, nem por interesses alheios. Decida ser feliz, decida sorrir.

Eu decidi sorrir porque Deus é fiel.

Este livro foi composto em Meridien e Footlight e impresso
pela Intergraf para a Editora Planeta do Brasil
em outubro de 2017.